suncolor

suncolor

THE RICHEST MAN IN BABYLON

巴比倫
致富聖經

用 10% 薪水，賺到 100% 的人生

經典新譯．漫畫版

原作 喬治．山繆．克拉森（George Samuel Clason）
漫畫 坂野旭　企劃．腳本 大橋弘祐

suncolor
三采文化

導讀

體驗《巴比倫致富聖經》的黃金箴言，小白＋新手理財的三步驟

許多理財的新手小白，在想要開始學理財時，總會感到手足無措。事實上，理財的基本動作，只有三個步驟。簡單的重複這幾個動作，每次逐步加深這些動作的難度，就能夠讓你的理財功力再上一個台階。《巴比倫致富聖經》改編自一九二六年喬治．克拉森《巴比倫富翁》系列暢銷書籍，改編成漫畫之後，更是引人入勝。接下來，我將《巴比倫致富聖經》吸引黃金的七個箴言，整理成小白＋新手理財的三步驟。透過這三個類型的動作，反覆操練，一定可以讓你在理財的道路上更加得心應手。

一、認識理財

許多人談理財，想到的第一件事就是「要變有錢」。變有錢是結果，但如何做呢？巴比倫富翁阿卡德有個簡單的比喻「每天早上在籃子裡放入十顆雞蛋，到了晚上拿出當中的九顆……總有一天籃子裡的雞蛋會滿出來。」為什麼呢？「真理一般都很單純」，如果能將你收入的十分之一，先付給自己，一段時間之後自然會變有錢。你可以試試下面兩個方法：首先，將每月常規收入的百分之十存下來。試試看，這個比例的儲蓄完全不會影響你的生活品質。其次，將每次額外收入或大額獎金的百分之五十存下來。至於剩下的一半，不妨用來犒賞自己。金錢確實要花了才有意義，過於嚴苛的儲蓄也令人很難堅持。

其次，生活中有很多可有可無的開銷，這些金錢毫無感覺的從我們的指尖溜走，因為我們習以為常。「為欲望排定優先順序」，我們把未來的財富花在一些無關重要的小東西上，甚至在花錢時想都不想。如果一天能省下八十元，一個月就能結餘二千元。當你從十年前開始每個月投入二千元在台灣50指數股票型基金（0050），十年後的今天你會累積成怎樣的成果呢？畢竟一年也才二．四萬，十年或許有個四十萬很多了吧？但這個答案是五十七萬！其實你比想像中的有錢。

❶「存下收入的十分之一」先付給自己、❷「為欲望排定優先順序」就是認識理財的第一步。進階的動作是，思考❺「選擇良好住所」、學習如何「認真聆聽理財專家的建言」、「對自己不熟悉或連投資專家都不看好的項目進行投資，黃金將會從他的手中溜走」等等認知。

二、嘗試在生活中進行理財小動作

你不需要在你學好理財之後，才開始理財。小白們通常會有很多的小劇場在內心上演，「我現在也沒多少錢，等我收入增加了再開始」、「我現在完全不懂投資啊，等我學好投資我再開始」、「我又不會投資，投資虧錢了，還被別人笑」。其實現代人大家都很忙，沒人有空笑話你。事實上，很多人會上網尋求如何開始學理財，可能也不會得到很完整的資訊。你已經想理財想了很多年了，怎麼都沒開始？其實你該做的，就是直接開始一些理財的小動作，比如說「記帳」。

透過記帳特別去關注那些「被動支出」。譬如，透過信用卡授權每個月自動扣款的健身房會員費、每個月自動扣款的影音網站月費、手機月租費，這些都是在你還沒有留意時，就已經從你口袋溜走的金錢。相同的，我們真正需要的，是將儲蓄的過程消化於無形，在你還沒有感知到錢流進來的同時，就已經完成了儲蓄。最簡單的方式就是每個月你的「勞退新制帳戶自提」。在勞退新制中，雇主每個月會提撥你薪資的百分之六到你的勞退帳戶當中，這些原本是你的薪水，但是在發到你的帳戶之前，就先被提撥到你的退休帳戶去了。透過「被動儲蓄」❸「讓存款為你工作」明智地把錢放在能夠錢滾錢的地方，金錢就會像耕牛一樣勤奮地為我們工作。當然，你也可以去開好證券戶，連開戶都沒有完成，嘴巴說想理財，但身體顯然比較誠實。進階的動作就是如何❹「堅守財富、避開危險和天敵」？

三、明確自己的理財偏好，針對性的學習相關知識

李嘉誠曾經說，「把錢投資在自己的頭腦上，你花得越多就賺得越多。」我們可以一起來做個練習，假如你現在二十多歲，在咖啡廳打工。你可能覺得自己困在了一份二萬二千元的工作上。然而你可以想想：「如果我是老闆，我會有怎樣不同的做法？」你知道怎樣提供令顧客滿意的服務，如何提升員工熱情？咖啡廳一般有哪些日常開銷？食材需要多少成本等等。這或許能激勵你開一家自己的咖啡廳，激勵你去尋找更多管理一家咖啡廳的方法。

很多人或許會說：「連三餐都吃不飽了，負債累累，哪裡有錢再去學習呢？而且學習也不見得立刻就看得到效果！」這樣的人永遠都不會用錢投資自己的腦袋。但是，事實上，如果真的是一無所有，頭腦正是東山再起的最大本錢，❼「讓自己成為最大的資本」。因為腦袋窮，人生就會窮。持續的學習，充裕自己的資本，接著你才能往下一個進階的目標邁進——❻「從現在開始替未來的生活做好準備」。

總結一下，《巴比倫致富聖經》吸引黃金的七句箴言，分別是：❶存下收入的十分之一、❷為欲望排定優先順序、❸讓存款為你工作、❹堅守財富、避開危險和天敵、❺選擇良好住所、❻從現在開始替未來的生活做好準備、❼讓自己成為最大的資本。簡單的事情，重複做。重複操練三個基本動作，你會發現，隨著你的練習以及成長，你對這七句箴言的理解，也會不斷進化。現在就動手，立刻開始你的理財行動吧！

比爾的財經廚房 主持人

楊書銘

本書對一九二六年在美國出版的《巴比倫富翁》（The Richest Man In Babylon）進行翻譯、改編腳本並繪製成漫畫。

這篇故事以古巴比倫為舞台，教導人們儲蓄、守財與增加財富的道理，在被資產家及銀行員閱讀之後，轉眼便成為暢銷書籍，至今依舊吸引許多讀者，亦堪稱是現今市面上許多理財讀物的原點。

本書之所以在時隔近百年後的現在仍歷久不衰，或許並不是因為它教導人們如何獲

取眼前的利益，而是因為書中藏有「學習能夠被金錢所愛的智慧」、「工作的重要性」以及「待人處世之道」這些通用於任何時代，能為人們帶來幸福快樂的真理。

希望各位讀者將本書讀到最後，習得每個時代都受用的基本知識，從因為被金錢擺佈而處處受限的人生得到解脫。

並且，期許各位都能實現夢想，增進與親朋好友之間的情誼，快樂享受多采多姿的人生。

序章

為錢工作的現代人

在睡夢中被電話聲吵醒會很不爽，對吧？我懂這種心情。
嘟嚕嚕嚕
東京
嘟嚕嚕嚕嚕
鼾
不過，有人因為一通電話而改變了整個人生。
不可燃
可燃垃圾
可燃垃圾
……唔？
嘟嚕嚕嚕嚕
來電
近藤 武
抬頭…
嘟嚕嚕嚕
!
Zonfy
來電
近藤 武

那就是我——大場拓也。
嗶！
哦，什麼事啊，小近？
前大學教授·考古學家
大場拓也
中東
哈哈，真是令人懷念的稱呼啊！好久不見了，阿拓。
最近還好嗎？
近藤集團第九任社長
近藤武

可燃垃圾
不可燃
好個屁啊！
爛透了！
……？
爛透了？你不是在大學當教授嗎？
呼啊啊
被開除了啦！
!?
啊

被開除了!? 貴代子呢？
離婚了。
蛤!? 那愛佳妹妹呢？
監護權在母親那邊。
……!
癱倒
可燃垃圾
可燃垃圾
可燃垃圾
那阿拓你現在在做什麼？
待在一個破公寓裡面。
真的假的？
以前那個優秀的阿拓，現在該不會在當飛特族*吧？
才不是飛特族，是高中的兼任老師。

＊飛特族：以兼職工作來維持生計的人，不被工作所困身。

離開大學時，靠認識的人幫我介紹的。
哈哈哈
不用做什麼就能月入十三萬，很賺吧？雖然住的地方很破就是了。
聽起來根本就是飛特族嘛……。
你現在一定覺得我就是飛特族，對不對？
不穩…
咚！
心虛
怎、怎麼會！
我說啊，雖然我家看起來可能很窮酸，
裡面可是有很多就算不拿去估價，也知道價值不菲的珍貴考古材料。
晃動…
小看我可是會吃大虧的喔！

匡噹
噗！
暈眩
搖搖欲墜
怎麼了，阿拓？你沒事吧!?
哇啊啊啊啊啊——！
嘩啦嘩啦嘩啦嘩啦
哇啊啊啊啊啊啊啊——！

我的壺——！
我的壺——！
壺……？
……沒摔壞——！
腫起
鏘——鏘
太好了……
太好了——！
刺痛
細心呵護
什麼跟什麼？
近藤，你現在人在哪？

伊拉克。
！
伊拉克……？你知道那裡現在是什麼情況嗎？
嗯……可是，不枉費我冒著生命危險過來一趟。
你知道我們公司有投資考古遺址發掘吧？
嗯。
有這回事嗎？
那阿拓你應該曉得，伊拉克在古代是哪個國家吧？
抓癢
搔頭
古代的國家……？

這裡是古代的……
「巴比倫尼亞」
！
是你的專業領域，對吧？
巴比倫尼亞
從西元前十八世紀至西元前四世紀左右，存在於現今伊拉克一帶的王國。首都為巴比倫。
由於資源匱乏，當地頻繁與其他地區進行貿易，在數學和金融方面高度發展。
神殿曾經實施穀物等物品的借貸，因此也被視為銀行的起源。

＊已有三次函數、畢氏定理和複利的概念。

巴比倫尼亞怎麼了嗎？
我們在首都巴比倫附近找到一塊泥板，
上頭刻著促進巴比倫尼亞發展的「黃金法則」。
黃金法則……？
對。
我想委託身為考古學家的阿拓
幫忙解讀這塊泥板。

抱歉，我已經不當考古學家了。
咦？
不、不當了!?
等等！阿拓，那你現在在幹嘛!?
我不是說了嗎？在當兼任老師。
你是認真的嗎!?考古學家是阿拓的天職啊！
……
天職……
我曾經也是這麼想的。

但是我錯了。
就結果來說，我失去了老婆和女兒。
這就是「現實」。
催款單
催款通知
你找別人吧。
……

這塊泥板上真的刻著非常重要的資料，
或許可以讓人類更靠近世紀大發現也說不定！
……！
這可是機會啊！對我和對阿拓來說都是！
！
總之，你在那裡等我過去！
！
你要來我家嗎!?

咻咻咻咻
竟然還真的來了！
靠！我不是說我不會解讀什麼泥板的嗎！
滾回去！
等一下，你聽我說！
碰咚
喀鏘
201
無論如何都不願意嗎？
廢話！
……

……阿拓，你不是在婚禮上說過，
一定會讓貴代子幸福的嗎？
……我沒錢，所以辦不到。
錢的話，
這個世上要多少有多少。
!?

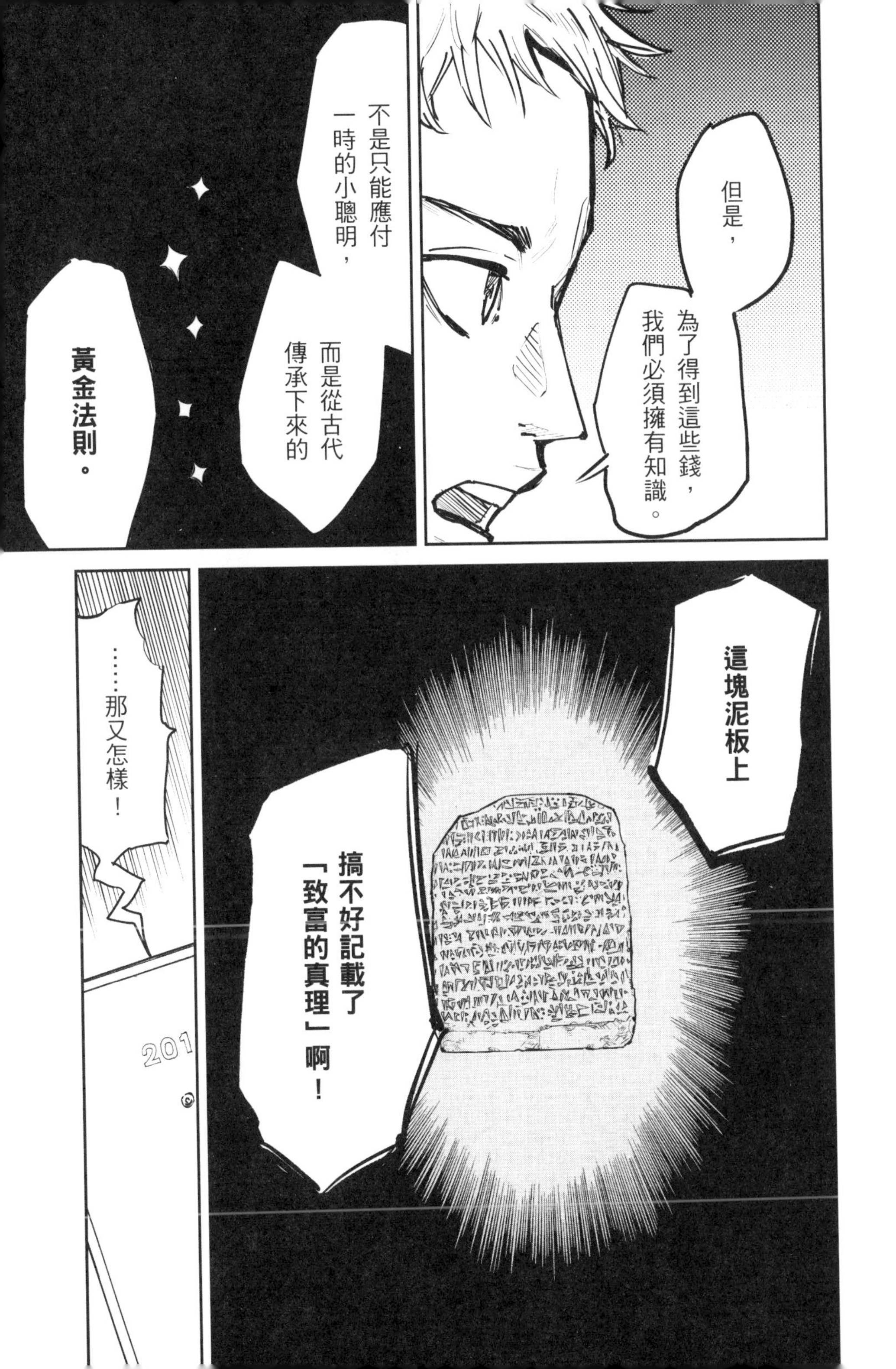
但是，
為了得到這些錢，我們必須擁有知識。
不是只能應付一時的小聰明，
而是從古代傳承下來的
黃金法則。
這塊泥板上
搞不好記載了「致富的真理」啊！
……那又怎樣！
201

你有負債吧？
！
……
抱歉，我已經調查過了。
……你滾！
事到如今，我還會怕欠債嗎！

難道你不想找回
有老婆和小孩陪伴的生活嗎？
!!?
巴比倫的黃金法則或許能實現這個願望。
而且，能夠解讀這塊泥板的就只有你了，阿拓。

總之，我把泥板留給你了。
你不怕我把它砸爛嗎!?
阿拓才不會做這種事。

我等你消息。
……
難道你不想找回有老婆和小孩陪伴的生活嗎？
我……

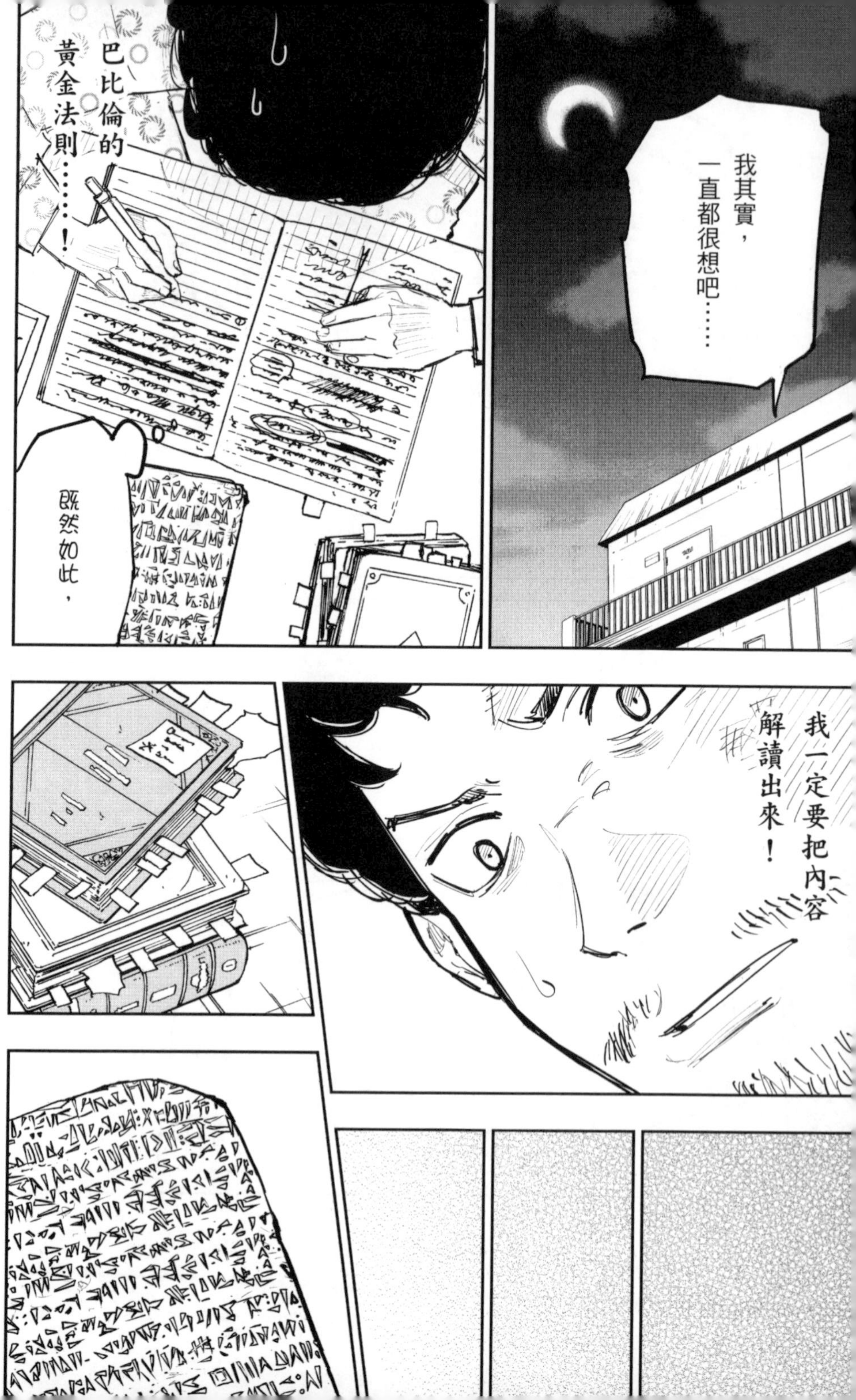

我其實，一直都很想吧……
巴比倫的黃金法則……！
既然如此，
我一定要把內容解讀出來！

喔喔……！
我忘了說，

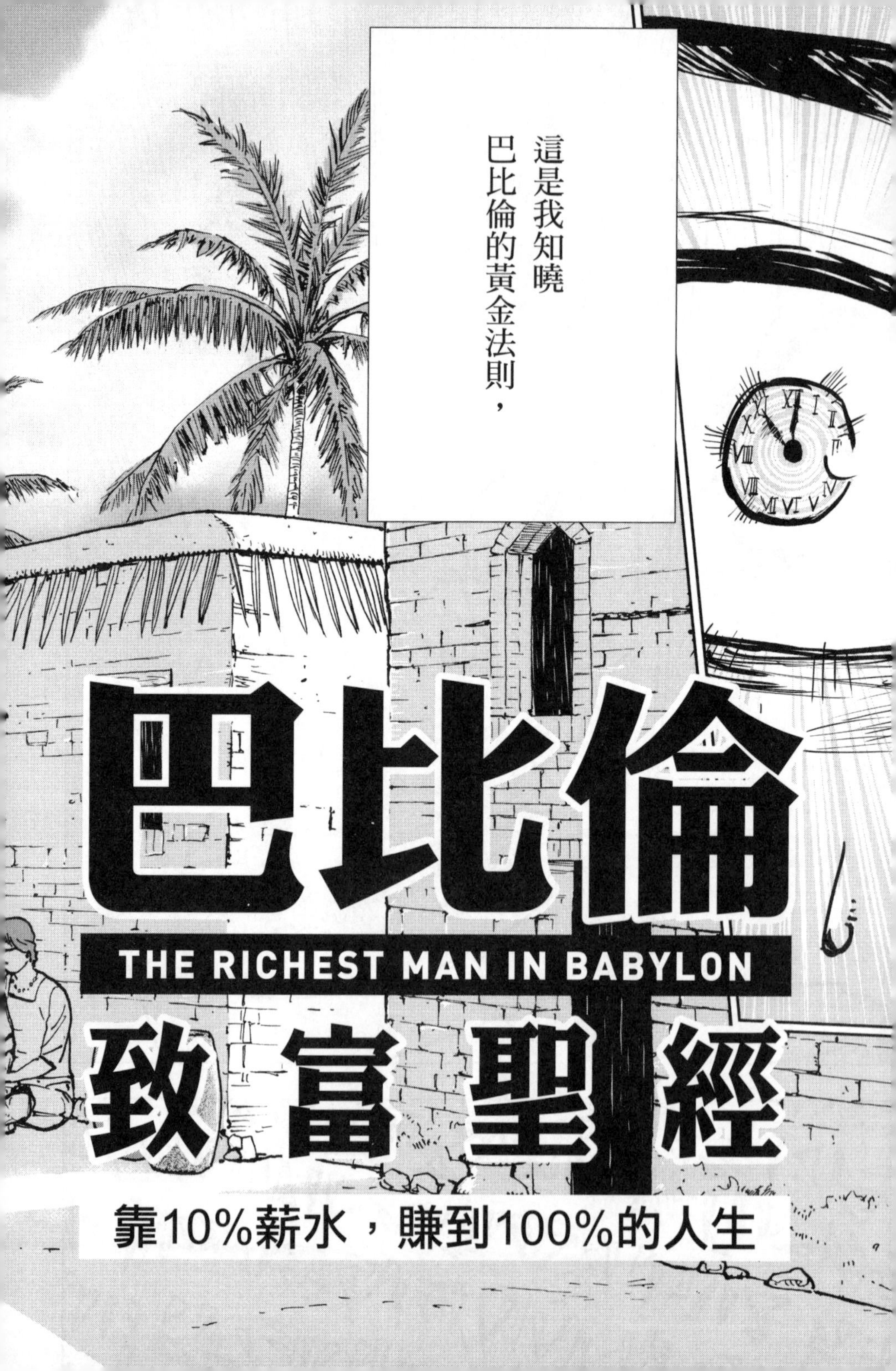
這是我知曉
巴比倫的黃金法則，
巴比倫
THE RICHEST MAN IN BABYLON
致富聖經
靠10%薪水，賺到100%的人生

累積億萬財富的故事。

原作 喬治・山繆・克拉森

漫畫 坂野旭 企劃・腳本 大橋弘祐

第五章

第六章

為什麼一樣都在工作，
卻有窮人和富人之分？

第一章 巴比倫首富

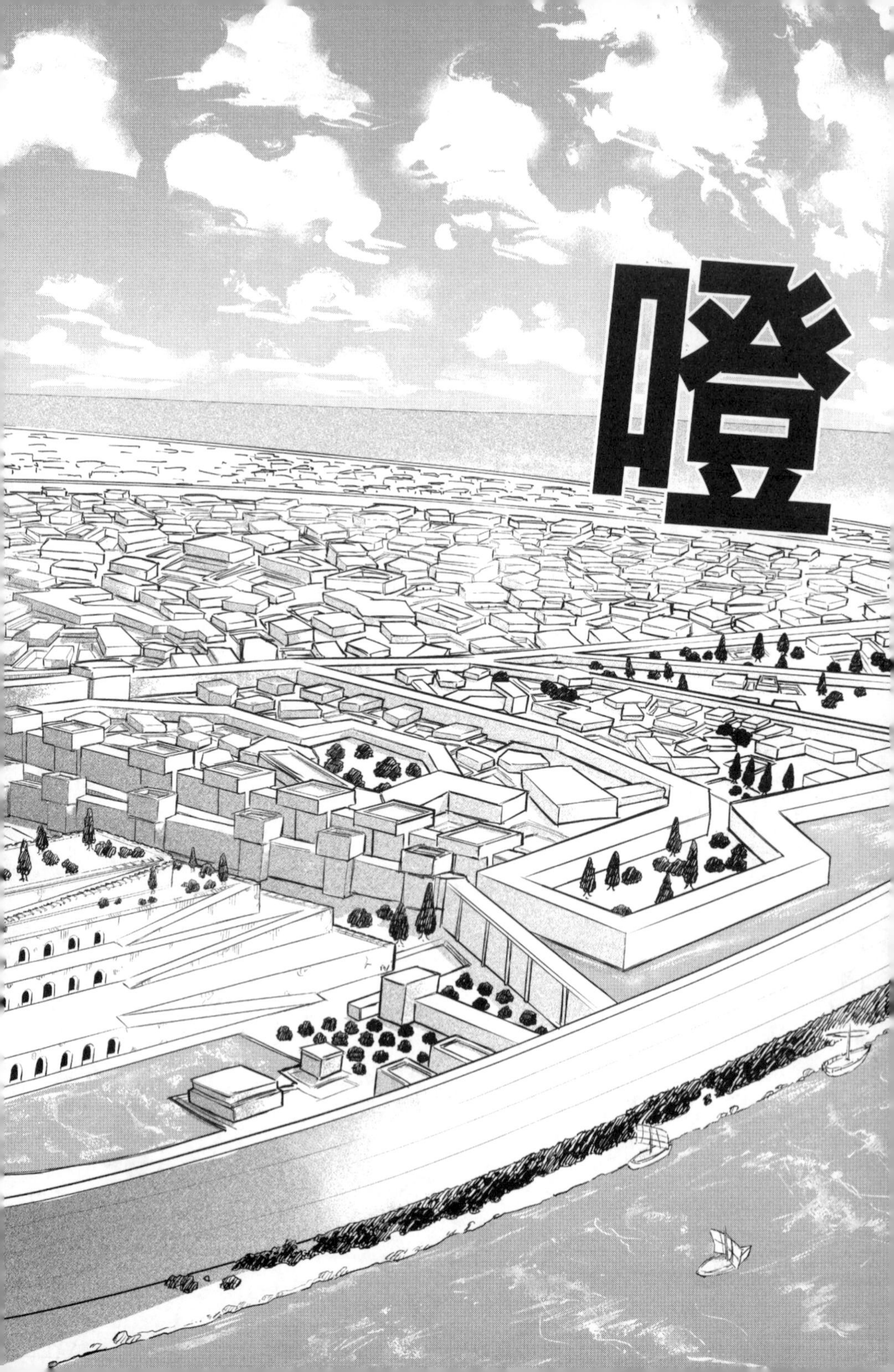
嶝

噔
巴比倫尼亞王國
首都巴比倫

使勁鋸開
咚隆咚隆
我是班錫爾。
我想將自己曾經身為貧民的人生記錄下來，
呼──！
留給未來的某個人。
武器工匠之子
班錫爾
叩！

十五歲時，
匡噹
咚！
因為家裡很窮，我每天都得拚命工作，
隱隱作痛
手上總是長滿水泡……但是，
因為我採取了某個行動，
好痛……！
傷痕
累累
這樣的生活出現了轉機。

雖然很累，可是不做的話，事情會做不完……。
舉起
咚
咚
……
平整
好了！接著幫木材打磨……
完成了！

爸，我做完今天的份了！
知道了。
你可以去休息了。
！
好！
……那你呢？
你不是從早上就一直做到現在嗎？
不用擔心我，快去休息吧。
！
嗯！

這個月的零用錢……
只剩一個銅幣了。
這樣連麵包都買不起……。
給我說清楚，你到底想怎樣！
！
他們在說什麼？

我這個月一定會還錢。
那句話我上個月也聽過了！
拜託了，再給我一點時間。
……
……我可告訴你，
我也是在沒什麼餘力的情況下借你錢的！
別以為不好過的只有你自己！
只要把孩子賣了，應該就能賺到一、兩枚金幣吧！
……抱歉。
說抱歉就能了事了嗎！
……
……！

……
……
……
你聽好，要是下個月底之前再沒還，你的小孩就準備去當奴隸吧！
……我知道了。

熙來攘往
人聲鼎沸
大道上
我會不會被賣掉啊……。
嘿！班錫爾！
！

柯比！
商人之子
柯比
你在休息嗎？
對啊，休息一下就要回去工作了。
你聽我說！我剛剛在路上看到公主了！
咦？真的嗎！
她看起來既端莊又賢淑……如果能娶這樣的女孩為妻，一定很棒吧！

……？你看起來好像不太開心耶。
！
……欸，柯比。
沒有啊！
是嗎？那就好。
你有夢想嗎？
夢想？為什麼突然問這個……。
……嗯——
總之，應該是想變成有錢人吧。
我家很窮，所以很羨慕有錢人。
……
跟我一樣。
比方說，就像這條路。
嗯？

每個人都可以平等地使用這條路。
對啊。
可是你看。
嘈雜
人聲
絡繹不絕

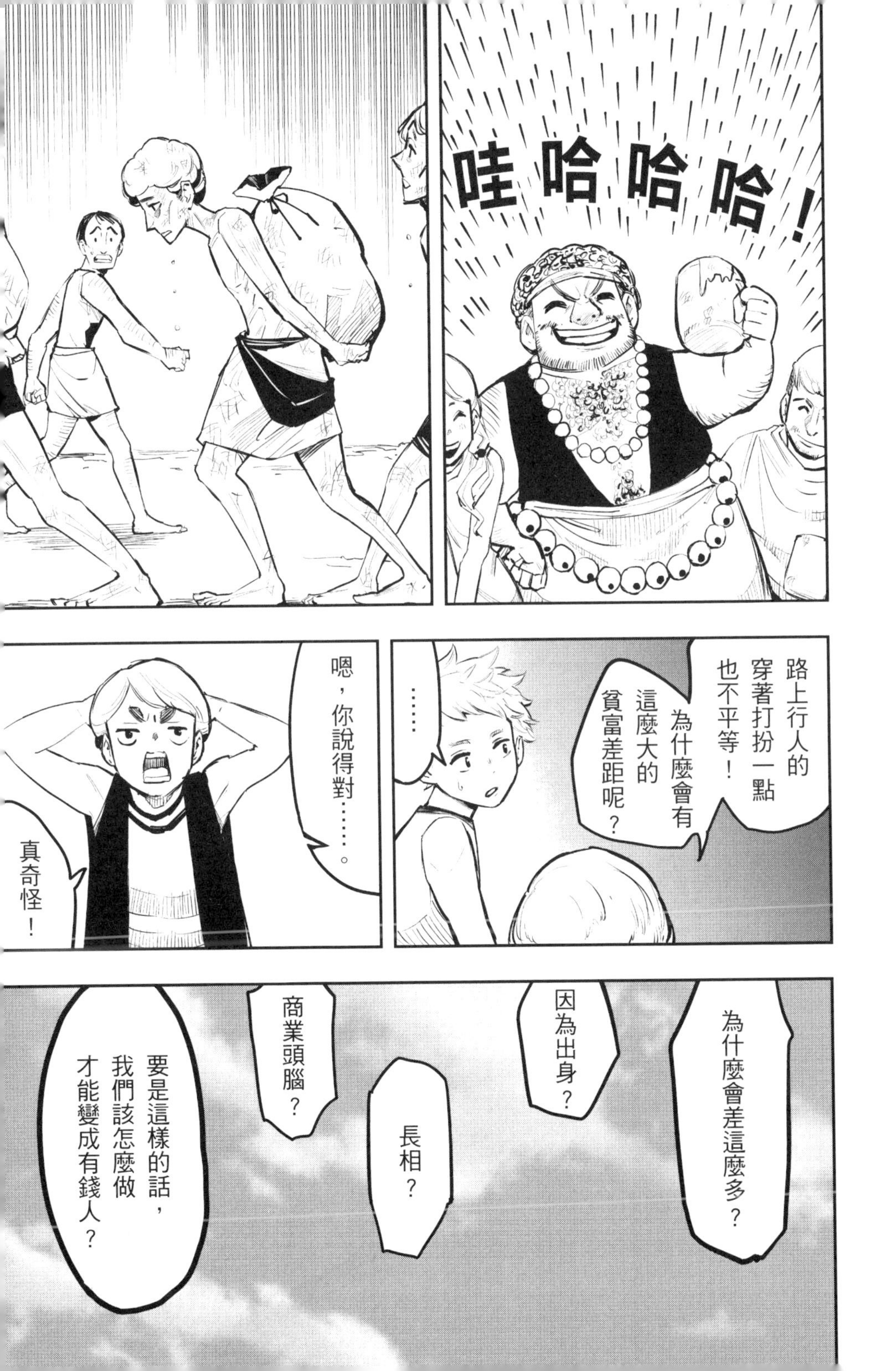
哇哈哈哈！
路上行人的穿著打扮一點也不平等！
為什麼會有這麼大的貧富差距呢？
……
嗯，你說得對……。
真奇怪！
為什麼會差這麼多？
因為出身？
商業頭腦？
長相？
要是這樣的話，我們該怎麼做才能變成有錢人？

……該怎麼做呢？我也不知道。
要是有錢的話，
如果生在有錢人家，該有多輕鬆啊！
我想讓家人過好日子。
對了，
要不要去請教一下？
成為有錢人的方法！
請教成為有錢人的方法？
對！
不用工作的有錢人！
這樣一來，搞不好我們不用工作就能變成有錢人！

我們直接去請教有錢人吧！
一定有什麼簡單的方法！
……
會有那麼簡單嗎……。
不過，有問總比沒問好！
……可是，我們要問誰啊？
我們認識的有錢人……
有阿卡德啊！
……啊！

沙沙沙……
巴比倫富翁
阿卡德
!

……是誰？
不回答嗎……。
緊握
出鞘
那麼……
沙沙

跳出
阿卡德！
是班錫爾和柯比啊！
有沒有嚇一跳啊？
我以為是來搶劫的，差點就砍下去了。
咦!?

原來是這樣，所以你們就跑來問我啊。
嗯……。
阿卡德，請你告訴我們，為什麼這座城市會有窮人和富人之分？
我們該怎麼做才能變成有錢人呢？
嗯……原來如此。
班錫爾有一雙「渴望財富之人」的眼睛。
好，我就告訴你們吧！你們兩個先跟我回家一趟。
太好了！
謝謝你，阿卡德！
就測試測試他吧……。

這裡就是阿卡德家……

那麼，我們
就開始來討論
如何成為
有錢人吧！
如何成為有錢人……。

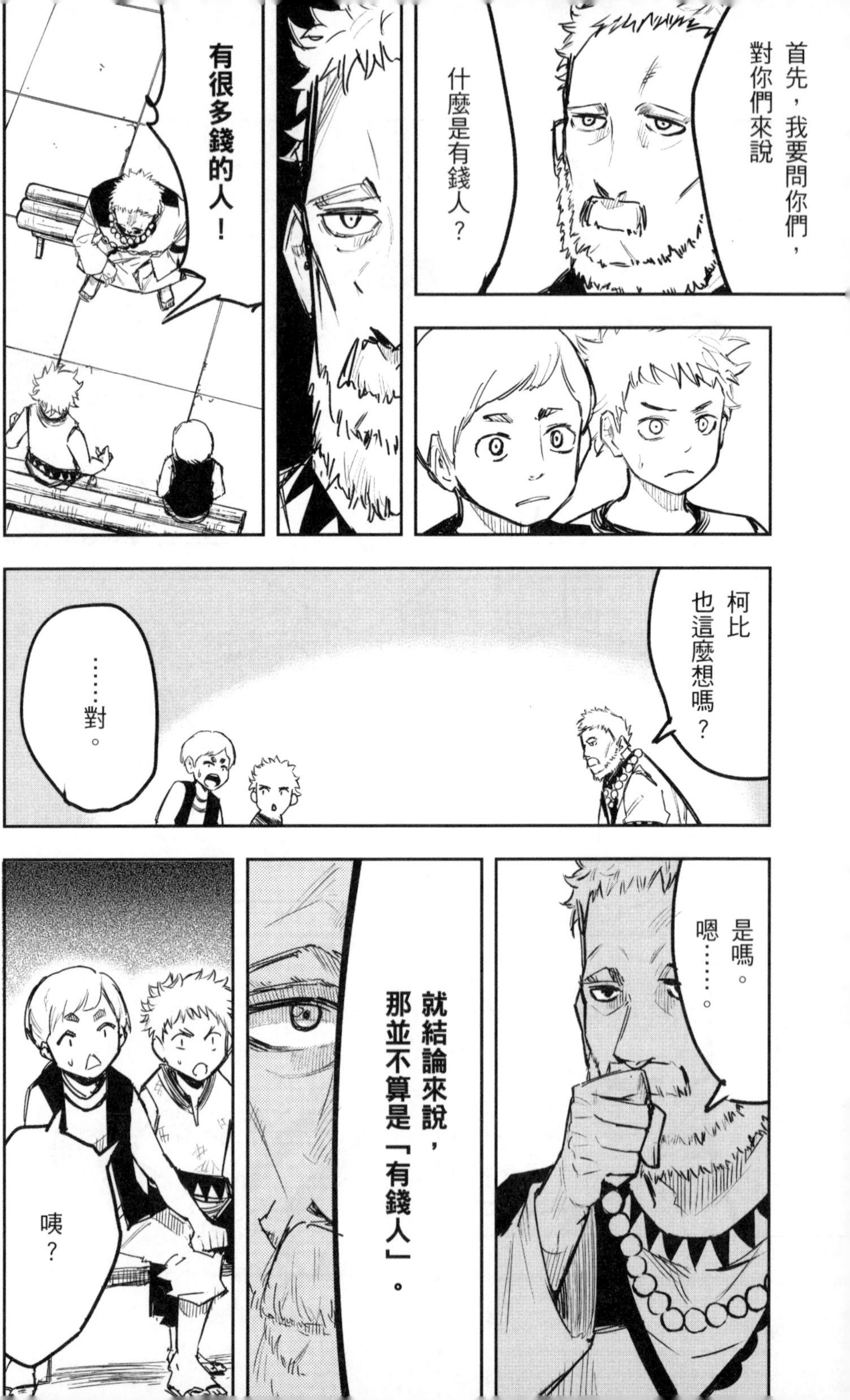
首先，我要問你們，對你們來說
什麼是有錢人？
有很多錢的人！
柯比也這麼想嗎？
……對。
是嗎。
嗯……。
就結論來說，那並不算是「有錢人」。
咦？

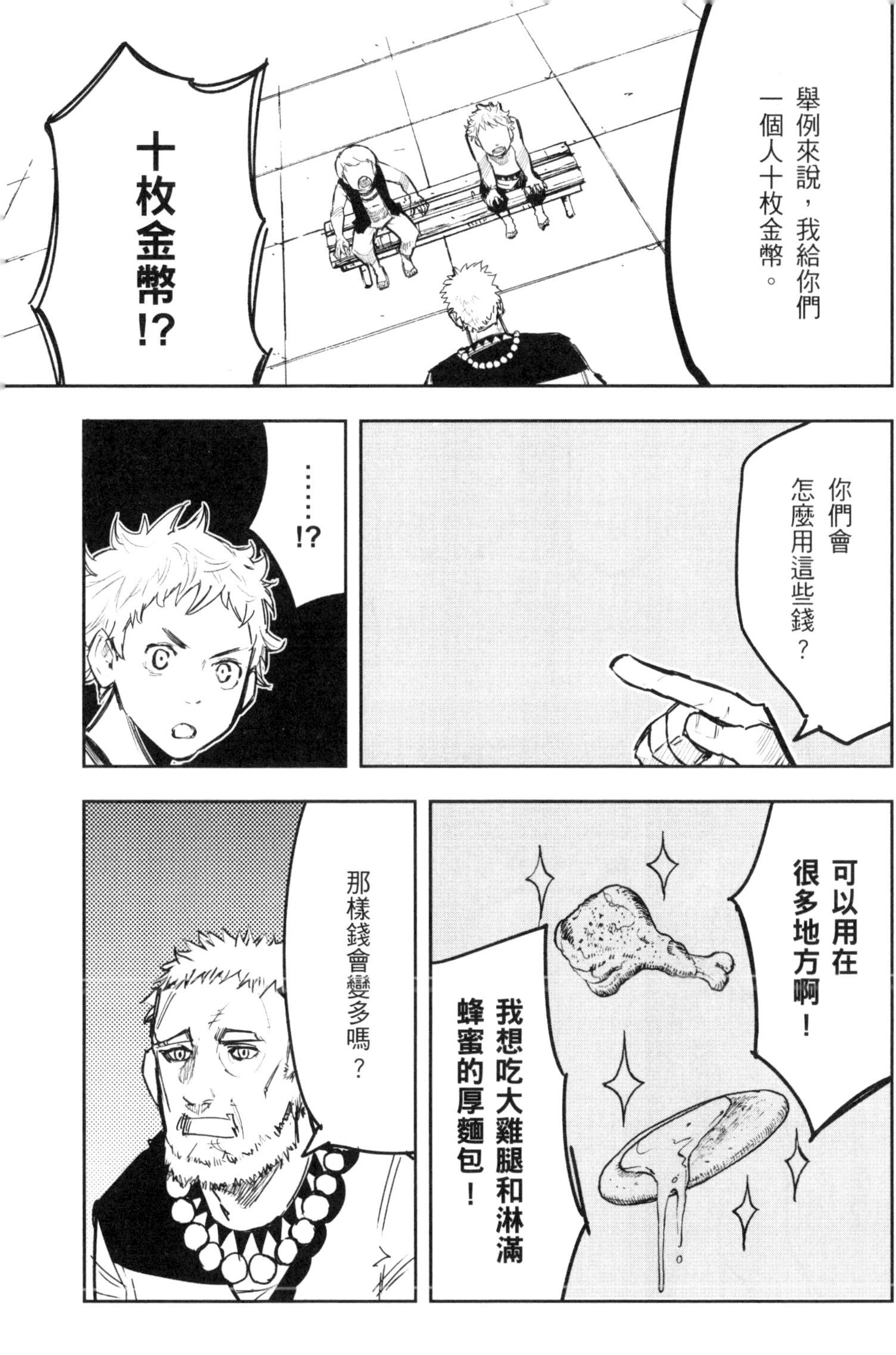
舉例來說，我給你們一個人十枚金幣。
十枚金幣!?
你們會怎麼用這些錢？
……!?
可以用在很多地方啊！
我想吃大雞腿和淋滿蜂蜜的厚麵包！
那樣錢會變多嗎？

變多……？
如果一直花錢，總有一天會把錢全部花光。
這樣的話，那個人就不算是有錢人了。
你們聽好，有錢人看似簡單其實很難，
看似很難其實又很簡單。
……？什麼意思？

沒什麼特別的。所謂的「有錢人」，就是「知道如何增加財富的人」。
I know!!
重點在於『如何增加』
世間把這樣的人稱作「有錢人」。
如何……增加財富？
沒有錯。
增加財富的知識有好幾項，
不過，你們必須先做到一件事。

那就是——
存下收入的十分之一。
!!
存下收入的十分之一……。
原來如此……。
……不
不可能這麼簡單就能變成有錢人啦，阿卡德！

不對……
等等，柯比。
！
班錫爾！？
阿卡德是巴比倫最有錢的人……。
我們現在能做的，
只有老實聽取他的意見。
做人就是要老實……
爸媽是這麼教我的。
……

只要這麼做，
就能變成有錢人了，
對嗎？
雖然光是這樣
還不夠，
不過，
沒打開第一扇門的人，
是看不到下一扇門的。
！
我知道了……。

我會從這件事情開始試試看。
走吧，柯比。
咦？
謝謝你，阿卡德。
等等，你們兩個。

我受國王之託，開課傳授人們致富的祕訣。
只要我開口，任何人都可以進來聽課。
如果半年後你還能繼續堅持這個作法，就來找我吧。
我會教你下一件事。

！
嗯！
阿卡德大人。
呵呵。
下一代的凝聚力
真是可靠啊！

1 存下十分之一的收入，可以存到多少錢？

日本上班族的生涯總收入平均約為三億日圓。也就是說，只要從事能獲得平均收入的工作，聽阿卡德的話存下收入的十分之一，到退休之前就能存到三千萬；若是雙薪家庭則可存到六千萬。

如果可以存起來的收入不是十分之一，而是十分之二，光是這樣就有一億兩千萬；就算只存一成的錢，只要運用這六千萬賺取百分之三的年利息，也能成為資產破億的億萬富翁。（引用自《百萬富翁的思想》湯瑪斯．史丹利。運用方法後述。）

如果把資產超過一億的人定義為「有錢人」的話，那麼，正如阿卡德所言，成為有錢人的方法再簡單不過了。

此外，雖然我們將「擁有一億資產」作為有錢人的定義，我們還是要想想看，是否真的需要一億這麼多錢。

很多人對金錢沒有安全感的主要原因，是考慮到自己老後無法工作時所需的資金。

實際上，銀行或保險公司的宣傳刊物也強調：「人在老後需要一億日圓，所以更應該要趁現在做好打算。」

然而，就像我們能用低價買到品質比過去更好的服飾或電子產品一樣，未來應該也可以用更便宜的價格買到優質的物品。

而且，在超過六十五歲，步入老年之後，像現在這樣購物或是其他耗神費力的活動將會減少，對金錢的需求比你現在認為的還要更低。

那麼，面對令人惶恐不安的將來，我們究竟應該存多少錢呢？建議大家，把理論上能維持最低生活水準的**年金給付加進去以後，再思考「還需要多少錢」**。

老後
所需的費用
＝
360
個月
×
年金
加上一個月
所需的費用

我們假設老後是從六十歲到九十歲之間的這三十年（三六〇個月）。加上年金之後，每個月還需要一萬就是三六〇萬，十萬就是三千六百萬（三六〇個月×十萬），這些數字便是老後所需的資金。

以剛才的例子來說，假如存下十分之一收入的雙薪家庭可以存到六千萬，那麼他們就能過上每個月有年金加大約十七萬日圓（六千萬÷三六〇個月）可以花用的生活。

總結來說，從事可以獲得平均年收入的職業，決定老後需要花多少錢，接著存下收入的一到兩成，或是利用一成存款賺取百分之三利息——只要做到這麼簡單的事情，就可以享受不為金錢所困的人生。

但是在到處充斥著誘人商品和服務的現代，這麼簡單的事情，要持續做到卻很困難。那麼，我們要怎麼做才能存下收入的十分之一呢？請接著參考P.124。

第二章

學問的殿堂

只有富翁才知道，吸引
黃金的七句箴言

初夏
聚集

學問的殿堂
在這個時代，
其他地區並沒有
相當於學校的教育機構。
巴比倫尼亞的
文明發展之所以有
壓倒性的進步，
原因就在這裡。
在定期舉辦的
講習會上，
講師會召集
志同道合的人。
從奴隸到王公貴族，
都可以在這裡暢所欲言。
踏

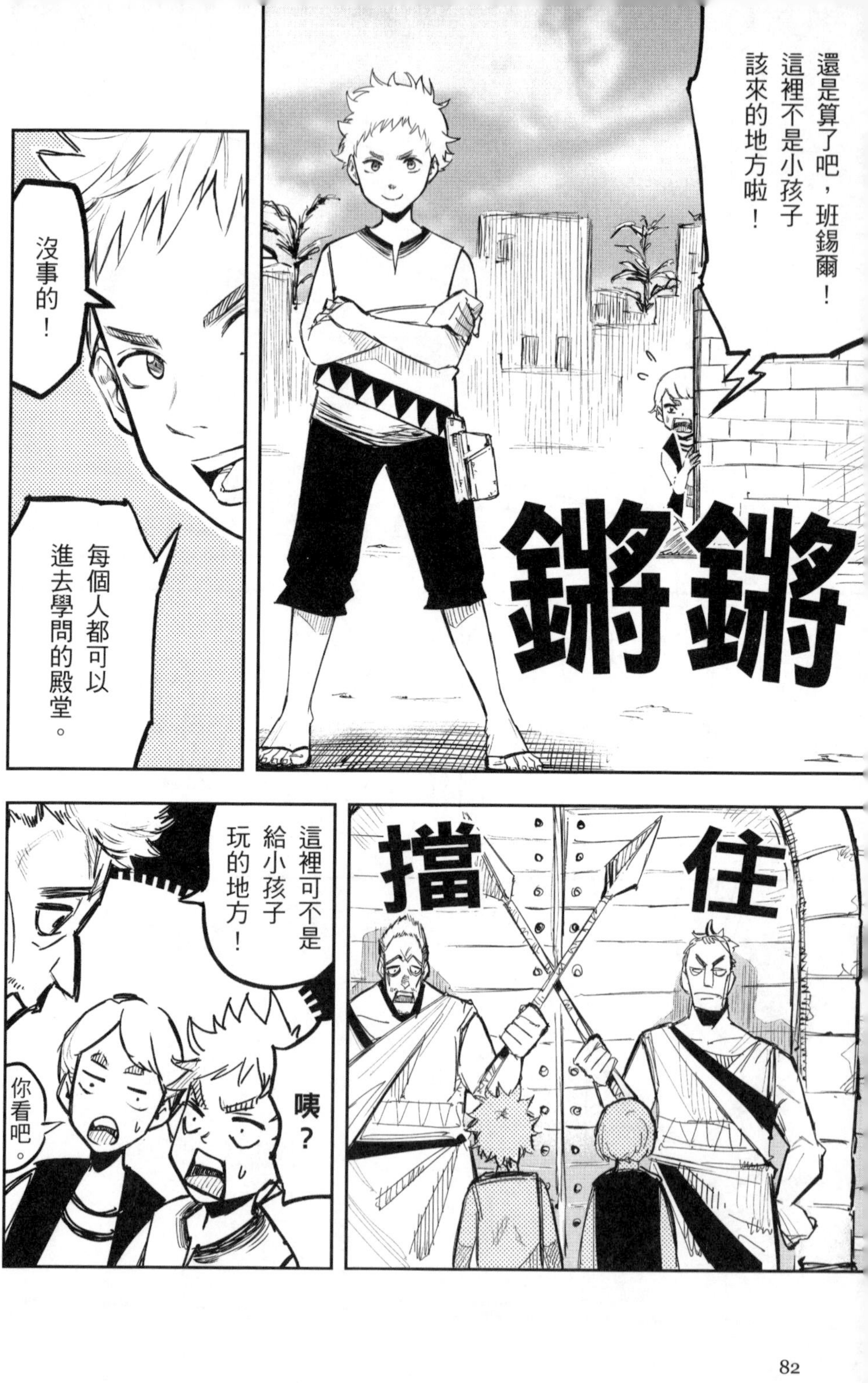
還是算了吧，班錫爾！這裡不是小孩子該來的地方啦！
鏘鏘
沒事的！
每個人都可以進去學問的殿堂。
擋住
這裡可不是給小孩子玩的地方！
咦？
你看吧。

我不是來玩的！
我來聽阿卡德上課！
阿卡德大人的課？
少騙人了！
快回去！
嘰…
不好意思，他們是我的朋友。
阿卡德大人！
呵呵。孩子們，你們來啦。
真的可以讓這些髒小孩進去嗎？
他們身上還有點臭。
哈哈哈！
什麼！
無言…

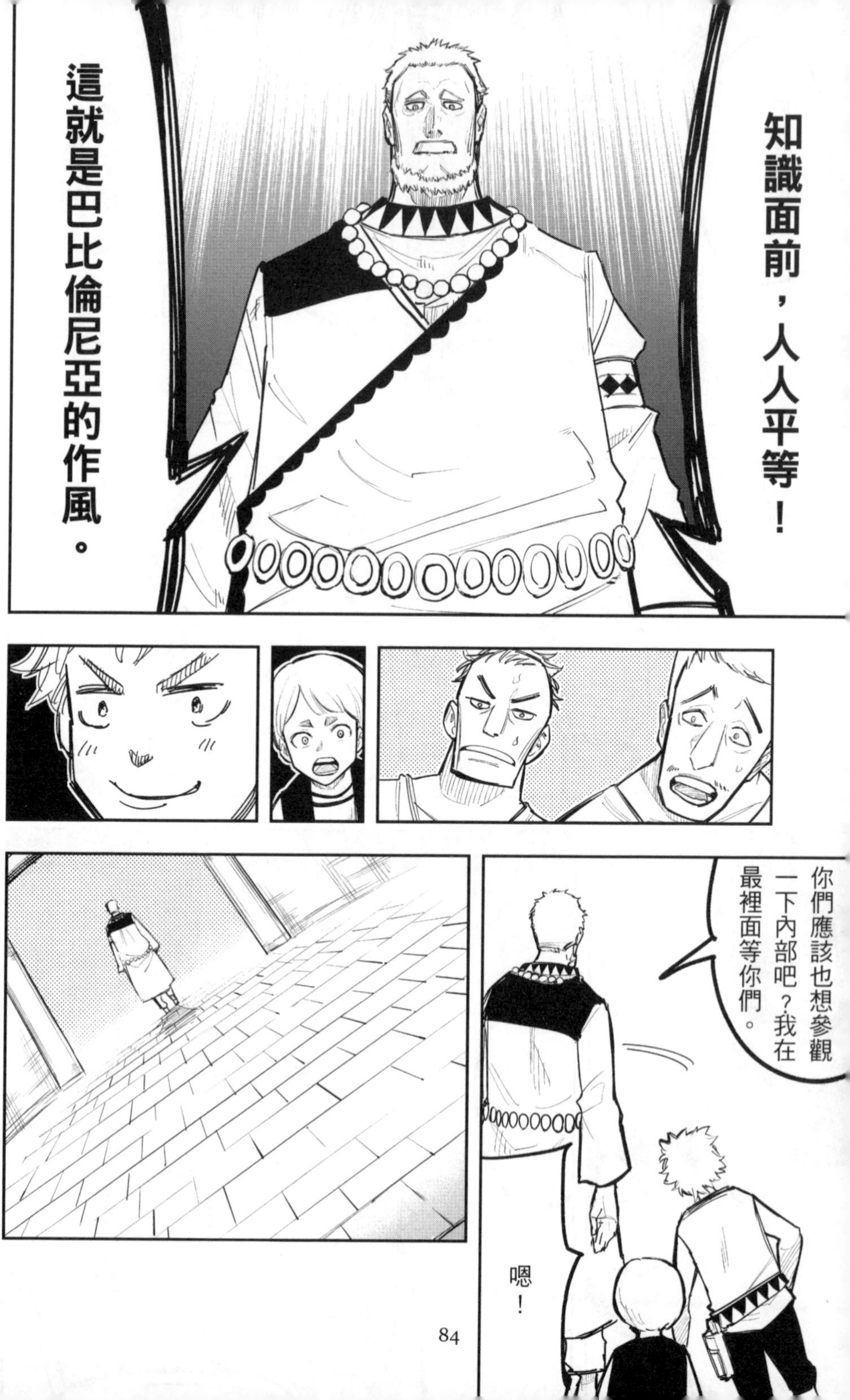
知識面前，人人平等！
這就是巴比倫尼亞的作風。
你們應該也想參觀一下內部吧？我在最裡面等你們。
嗯！

好酷喔，班錫爾！
是切削而成的石柱耶！
太興奮的話，小心會撞到人喔！
呀！
啊……
好痛……
……你是誰？
妳沒事吧？
啪！

別碰我，你們這些窮鬼！
鏘——
滾開！

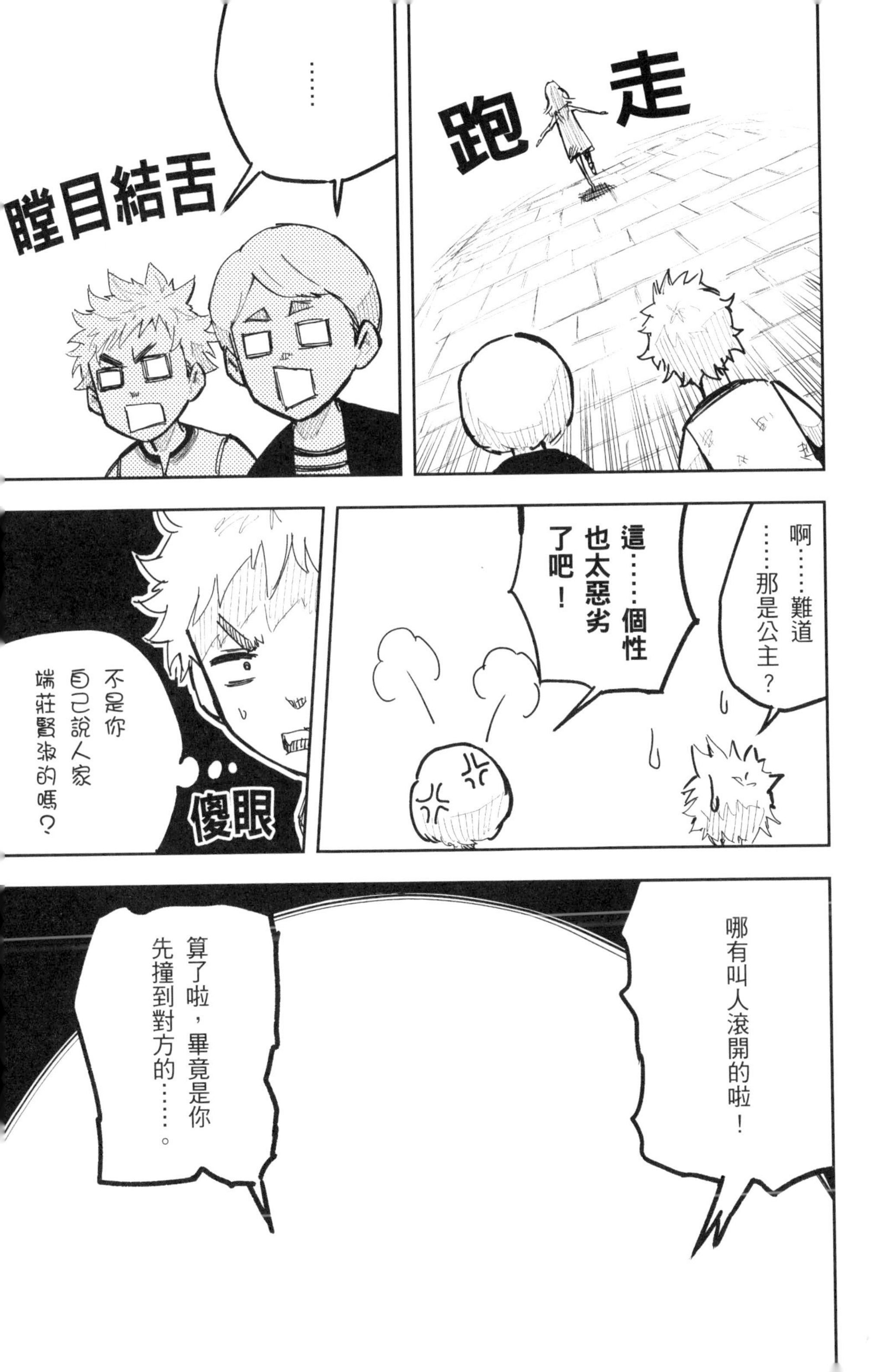
跑走
……
瞠目結舌
啊……難道……那是公主？
這……個性也太惡劣了吧！
不是你自己說人家端莊賢淑的嗎？
傻眼
哪有叫人滾開的啦！
算了啦，畢竟是你先撞到對方的……。

什麼嘛！班錫爾，你要幫她講話嗎？
也不是幫她講話……。
你們兩個在做什麼？
學問的殿堂在這邊。
你有遵守我教你的事嗎？
當然有！
喀！

那你現在應該可以看到
「下一扇門」了。
這裡就是……
學問的殿堂……！
我奉國王之命前來此處。
各位無須顧忌，自由地交換意見吧！

是阿卡德大人……！
就是他嗎……
交頭
接耳
舉起
肅
靜
在你們當中
有人家財萬貫嗎？

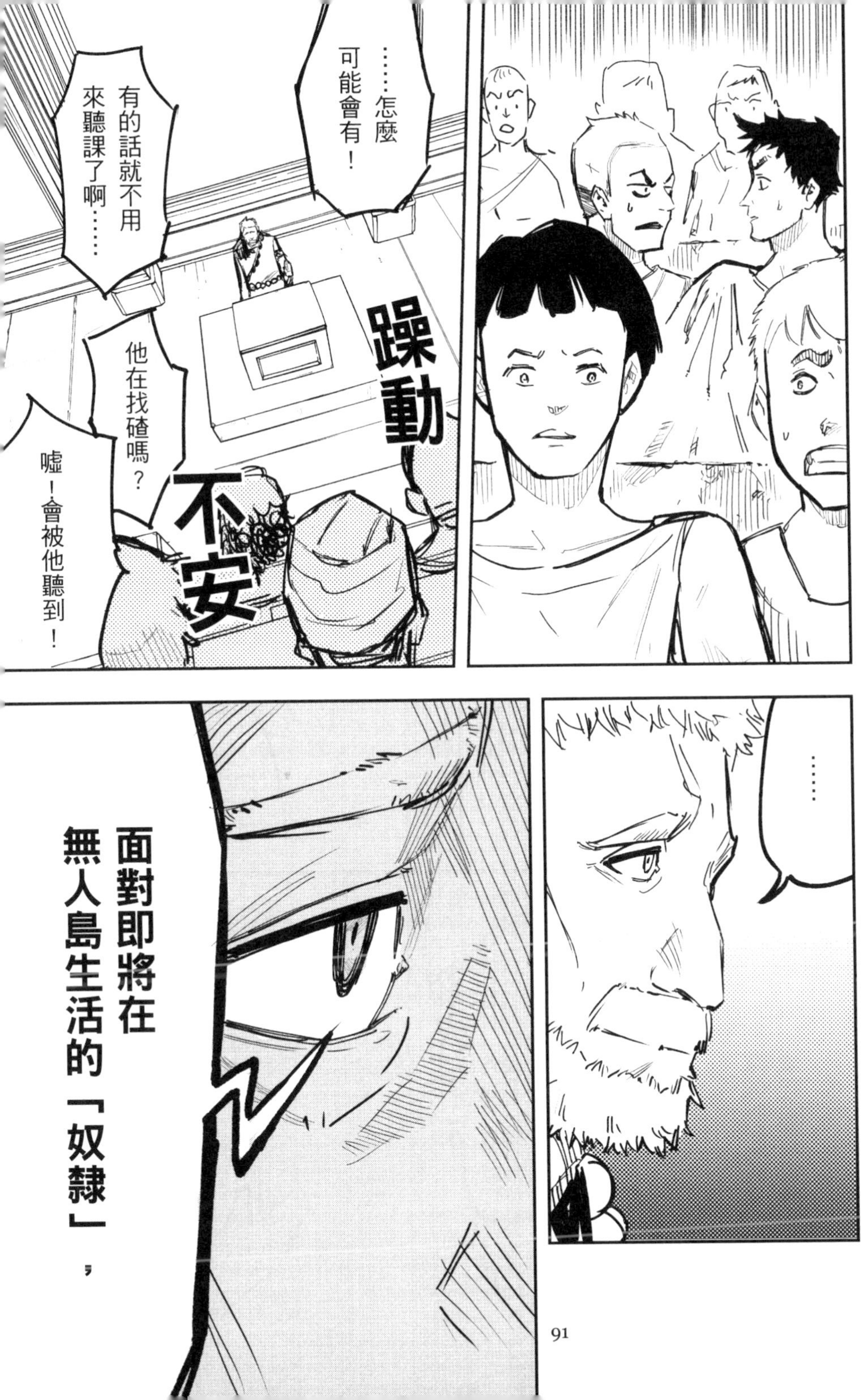

……怎麼可能會有！
有的話就不用來聽課了啊……
躁動
他在找碴嗎？
不安
噓！會被他聽到！
……
面對即將在無人島生活的「奴隸」，

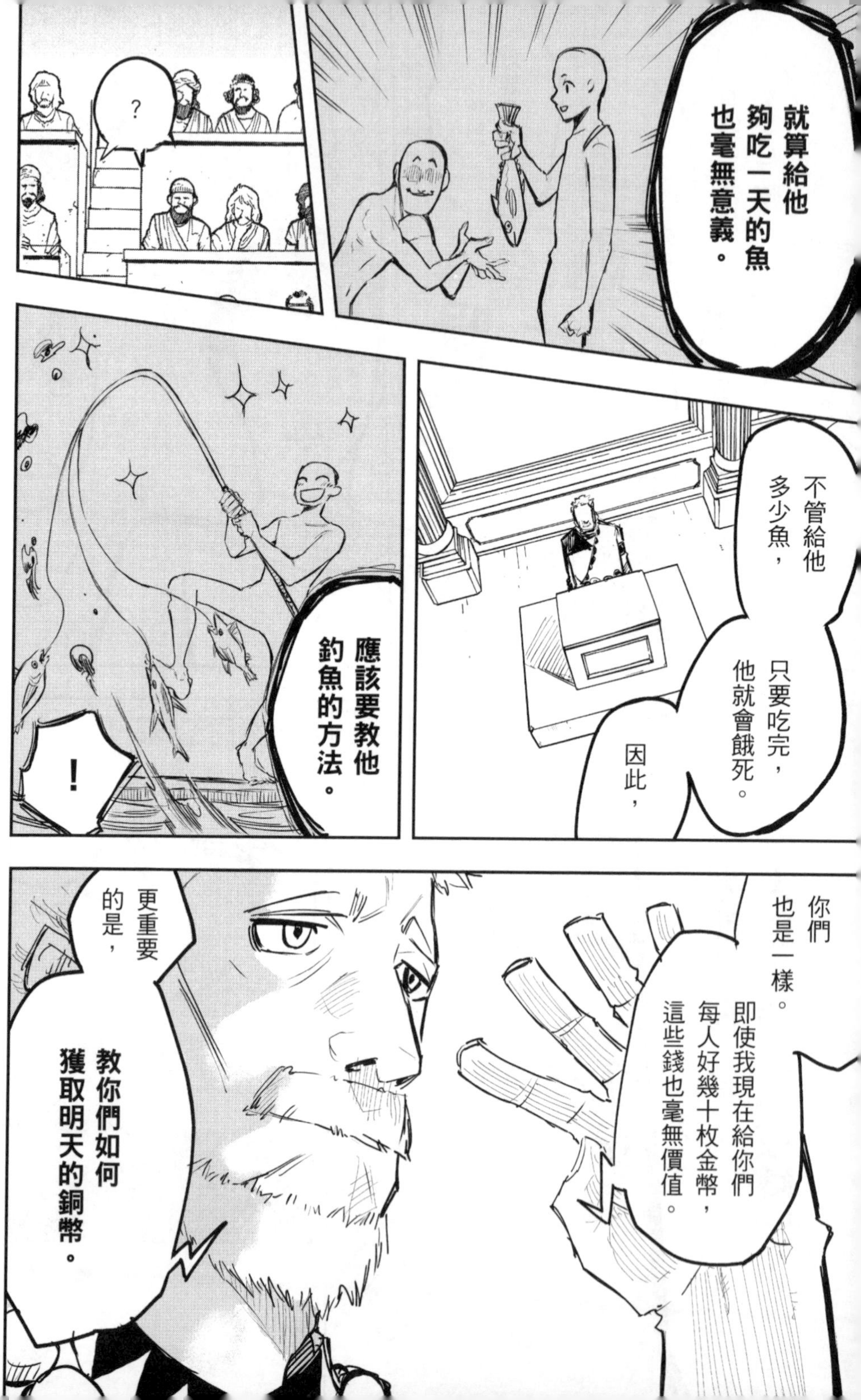
就算給他夠吃一天的魚也毫無意義。
？
不管給他多少魚，
只要吃完，他就會餓死。
因此，
應該要教他釣魚的方法。
！
你們也是一樣。
即使我現在給你們每人好幾十枚金幣，這些錢也毫無價值。
更重要的是，
教你們如何獲取明天的銅幣。

雖然銅幣的價值不比金幣，
但是這個知識將來一定會變成龐大的資產。
那麼……
即使如此，還是想要立刻得到金幣的我……
是愚鈍的嗎？
……
你們想像一下，
每天早上在籃子裡放十顆雞蛋，每天晚上拿出其中九顆……。
總有一天，雞蛋一定會滿出籃子。
你們知道為什麼嗎？

這是他那天教我的事！
因為每天會留下一顆蛋，變成多的蛋！
正是。
真理一向都很單純。
「存下收入的十分之一」。
1/10
只要這麼做，你們的錢包一定會裝得鼓鼓的。

這只是被稱為〈吸引黃金的七句箴言〉裡面的其中之一。
各位放心，我不會賣關子。
現在，在這裡，
我將把這七句箴言全數公開。
……！

我要教大家第二句箴言。
從剛才雞蛋的例子來試想便能清楚了解，
每天拿走九個雞蛋會剩下一個。
那麼，如果拿走八個雞蛋呢？
……每天會留下兩個雞蛋。
是兩倍……。
……
混蛋！就是因為沒那麼簡單，
我們才特地來聽你上課啊！

正是那種對凡事都先否定的態度造就了今天的你！
……
你的工作是什麼？
……我是負責在泥板上刻字的記錄員。
是嗎？呵呵！真巧，沒想到有人跟我年輕時做一樣的工作。
！……
你呢？
我是肉販。
我向農家購買山羊，進行加工，
把羊肉兜售給一般民眾，羊皮則賣給鞋店。

在座的各位都從事不同行業。
明明每個人的生活開銷都不同，
卻一樣都沒辦法累積財富。
為什麼呢？
這是因為，
不足
不論有多少錢，
每個人最終都會覺得錢不夠用。
換句話說，
無論花了多少錢，人類的欲望依舊會源源不絕地湧現。
欲
欲
欲
欲
!?

人類的欲望沒有極限……
因此，雖然在座有人賺得多、有人賺得少，
每個人都一樣把錢通通花光。
既然如此，你們要做的只有一件事。
那就是存下收入的十分之一，
並且放棄剩下的十分之九無法滿足的欲望。
!?
……。
放棄欲望……。
「你的願望不會實現，認清自己的斤兩吧！」你是這個意思嗎？

並非如此。
如果事先決定只花十分之九的收入，
因為我喜歡吃東西……
1.食 2.住 3...衣就之後再買吧!!
不就會開始思考哪些才是自己真正需要的東西嗎？
好想買高級皮草出去炫耀
好想要亮晶晶的寶石
想要
好想住豪
好想要昂貴的衣服
想要娛樂
好想吃高級的食物
好想住大房子
好想要牛皮做的鞋子
想要
好想要一匹帥氣的馬
好想喝名貴的酒
錢會不夠用，是因為你們也想要寶石、首飾這些非必需品。
所以，捨棄優先順序較低的欲望吧！
你們的生活水準並不會有太大的差別。

這樣一來，
便可以把錢花在你們最想做的事情上。
也就是說，第二句箴言，是「為欲望排定優先順序」。
這就是第二句箴言……
接著，我要教你們第三句箴言。
3

「如果手上再多十枚金幣的話，就可以讓金幣增加成十五枚了。」請問在座之中，有沒有人曾經有過這種想法？
舉手
我叫麥馬爾，是一個寶石商人。
我聽說歐亞大陸到處都可以採到稀有的寶石，
因此當地的寶石商人想要找巴比倫的商人合作。
只要從當地便宜買進，在巴比倫高價賣出，
堆得像山一樣的金幣就會進到我的口袋。

可是，寶石這種商品需要一定程度的資金……。
如果當時有十枚金幣的話，我就能累積更多財富了。
嗯……我明白了。
我舉個相反的例子。
一位擁有十枚金幣的男子把錢借給貧困的盾牌工匠，
並在工匠還錢時收到了大量利息。
男子把這些錢連本帶利再借給了盾牌工匠，於是他又收到了更多利息。
你們懂了嗎？「有錢」不是財產，
「能夠定期賺到錢的方法」才是真正的財產。
！

這就是第三句箴言，「讓存款為你工作」。
讓錢工作……！
……
那種事有可能嗎……
……
第四句箴言是
「堅守財富，避開危險和天敵」！

錢這種東西總是有不小心消失的風險。
那麼，該如何排除風險呢？
冒汗…
謝克爾
一百萬$
嗑—愣
首要原則是「守住本金」。
當存款達到一定金額時你會開始想要投資。
但是，只有傻子才會為了大撈一筆拿出所有積蓄。
……我曾經和一個對寶石一竅不通的石磚工匠合作買賣寶石的生意，最後害自己傾家蕩產。
所以，
還有另一種方法。

＊謝克爾（Shekel），當時巴比倫尼亞的貨幣。

比方說，有個人跑
來找你進行一筆投資。
20%
你一定會為了
該如何讓錢工作
而傷透腦筋。
不過，
千萬不能
憑感覺做事。
這種時候，
一定要和熟悉
這個領域的人商量。
20%
?
專家
不能進行
那筆投資！
原因是
如此這般……
智者的建議
有時比
投資本身
更有價值。
而且他們大多非常
熱心，也有很多人
願意無償提供建言。

第五句箴言是「選擇良好的住所」。
覺得只要租個便宜寬敞的房子來住就好的
大有人在！
衣
住
房子不只是用來住的。
「在庭院嬉戲的孩子」「妻子栽種的無花果和葡萄」還有「與工作地點的距離」，
房子與幸福的生活息息相關，而這種幸福會成為你努力存錢的動力。
花在房子上的錢可謂是充實心靈的投資。

第六句則是
用來因應
隨之而來的不安，也就是因應
「對將來的不安」
的箴言——
「從現在開始
替未來的生活
做好準備」。
替未來的生活
做準備？
沒錯。
只要每個月
一點一滴地
累積財富，
就可以把錢留給
老到不能自由行動
的自己，或是在自己
去世後留給家人。
人終將一死。
不論是奴隸還是國王，
都一樣逃不過死神的召喚。
……

我認為，在不久的將來，很有可能出現這種「販售未來穩定生活」的生意。
例如每月支付一枚銀幣，便能在生病或受傷時得到十倍的回報。
只要向三十個人收費，就算其中兩個人生了病，這筆生意依然成立。
只不過，這還需要規劃詐欺因應對策和詳細定價。
什麼意思？
就是說，每個月收三十枚銀幣的話，就算有兩個人受傷，最後還是能收到十枚銀幣……。
那要是有人謊稱自己受傷怎麼辦？
所以他才說需要因應對策啊。
*阿卡德提到的這種商業行為現在由保險公司負責承辦。
我要不要來做這種生意呢？
再來是最後一句了。
第七句……
……

最後，
在教各位第七句箴言之前……
……？
有一件事
我必須告訴大家。

在這個燭台
和那個燭台所連成的線上
有一道牆。
……
牆？

有人知道
那道牆
是什麼嗎？
……

有錢人和……沒有錢的人嗎？
！
他是想說，反正我們都是沒有錢的窮人嗎？
群情激憤
譁然
躁動不安
不對！

……班錫爾？
剛才阿卡德說過，在知識面前人人平等……
議論紛紛
怎麼了？
小孩子？
怎麼會在這種地方？

上前
噔
噔
而且我們每個人
都獲得了一樣的知識……
既然如此！

分隔這道界線的牆是…
採取行動的人
和沒有作為的人！

匡啷啷

……
班錫爾……
你的表情和當時一模一樣。

嗯！
沒錯……勝利女神
只會對採取行動的人微笑。
這就是〈黃金七箴言〉的最後一句——
「讓自己成為最大的資本」！
牆已經不復存在！從現在起，我們都是——
同志了！

我們發誓
（哦哦哦哦哦）

（哦哦哦哦哦）
將共同創造巴比倫的繁榮盛世！
就這樣，阿卡德長達半天的課堂結束了。

〈吸引黃金的七句箴言〉

1 存下收入的十分之一。

2 為欲望排定優先順序。

3 讓存款為你工作。

4 堅守財富，避開危險和天敵。

5 選擇良好的住所。

6 從現在開始替未來的生活做好準備。

7 讓自己成為最大的資本。

2 每個月存十分之一薪水，真的不會影響生活品質嗎？

大家聽到「有錢人」三個字時，腦中會浮現什麼樣的畫面呢？

或許會想像他們住豪宅、開名車，去國外旅行時如果不是悠閒地躺在沙灘上，就是一天到晚都在打高爾夫球。

不過，根據美國前大學教授暨富裕階級研究專家湯瑪斯．史丹利（Thomas J. Stanley）的著作《百萬富翁的思想（The Millionaire Mind）》，他針對美國總資產超過一百萬美金（用當時的匯率換算等於一億一千萬日圓）的富裕階級進行大規模調查。結果發現：**真正的有錢人其實很少買法拉利，會把壞掉的鞋子或家具修好繼續用，住的房子是中古屋，而且非常珍惜與家人相處的時光**。這樣的結果與我們想像中的有錢人大相徑庭。

那就是存下收入的十分之一，
並且放棄剩下的十分之九無法滿足的欲望。

事實上，微軟公司的創辦人比爾．蓋茲（Bill Gates）雖然有多到花不完的錢，他在搭飛機時卻是坐經濟艙。

據說曾經有人問他：「為什麼像你這種大富翁還要搭經濟艙呢？」他回答：「就算搭頭等艙，抵達的時間還是一樣啊。」

而Facebook的馬克．祖克柏（Mark Zuckerberg）則是開本田汽車的小型房車上班。

沒錯，億萬富翁的花錢方式非常合理。

至於假日的安排，大家可能以為他們總是在舉行奢華派對；但實際上，他們會到山間享受大自然，或是和朋友一起上餐酒館消磨時間。他們深知物質主義的消費無法帶來精神上的滿足，並且認為那樣的生活方式「很落伍」。

阿卡德在〈吸引黃金的七句箴言〉當中，教我們存下收入的十分之一；為了達到這個目的，必須「為欲望排定優先順序，放棄無法實現的欲望」，而且

「即使放棄優先順序較低的欲望，生活水準也不會改變」。

如果你正在考慮要購買名牌服飾或新出的智慧型手機，或是準備到高級餐廳大快朵頤，要不要試著重新思考一下，這些真的有必要嗎？

就算忍著不花這些錢，你的生活是否也不會有什麼改變？

除此之外，重新檢視壽險和手機費率也是一個有效的辦法。由於這些都是相當複雜的契約，想改得先跨越很大的心理障礙，不過若能重新檢視並進行調整，因為這些都是需要長期支付的款項，所以省下的總金額會比較多。

接下來，讓我們來思考該如何運用存款。請接著參考P.258。

第三章

考驗

裝滿金錢、盛裝智慧，
哪一個袋子更有價值？

——八年前
！

意……
是在幫家裡的忙嗎？
柯比，不好意思讓你幫我。
沒關係，反正我今天放假。
……？阿卡德大人？
我想買一把劍。
這樣是兩枚銀幣！
你好。
！
唔……我覺得有點貴呢？
！……

出現了！阿卡德大人在「砍價」！
他用這個方法來測試對方的商業頭腦……！
明明這種小鬼頭根本不可能入得了阿卡德大人的眼啊……。
才不貴呢！
！
這兩枚銀幣裡面包含了「手續費」。
！
手續費……？
對。
我家做的劍絕不會變鈍。
這是如果一年之內刀刃鈍了，我們會幫你更換新品的「保證金」。
……！
哦？真是不錯。

你叫什麼名字？
班錫爾。
班錫爾……我買下這把劍還會遇到一個問題。
？
由於我們很榮幸在王宮任職，
要是劍在宮裡壞了，王宮和這裡有段距離，
如果派人運送，一來路途遙遠，二來費事。
我懂了。
他這樣問，是要這孩子怎麼回答啊。
哇……
真是壞心眼……。
既然我是「客人」，
就算是小孩子也不能隨隨便便就擺出無禮的態度……。
做生意最重要的是
設身處地為對方著想……。

客人，你很有錢嗎？
嗯，不算沒有。
這個國家最有錢的人就是您啊！
那就好說啦！
？
其實，你可以再花一枚銀幣多買一樣東西。
什麼東西？
我的腳！

你每付一枚銀幣，我每個月就會去王宮一趟，替你磨刀！
別看我這樣，腳程快可是我的長處！
……呵！
哈哈哈哈！竟然賣自己的腳！
!?
沒錯，年輕人就是要這樣才對！哈哈哈！
孩子們……你們擁有我所沒有的東西。只要有這樣東西，就能比任何人都更認真工作，
將來獲得你們現在想像不到的成就和許多事物，讓身邊的人都很開心。
我們……擁有的東西？
那就是

「夢想」。
那個人買下了所有的劍，並要我有困難就去找他幫忙。
過了一陣子，才知道他就是大富翁阿卡德。
阿卡德！
怎麼突然派你的隨從找我我過來？
三天沒見到你了。

那堂課也在街上
造成話題了！我也用
〈黃金七箴言〉……
我今天不是要和你談那件事。
！
你看。
噹啷
這是一袋金幣。
裡面不是真的裝著金幣吧？
是真的。
！

你想要嗎？
!
當然想啊！
有這些錢，我就可以幫忙補貼家裡了。
是嗎？
不過，這裡還有另外一個袋子。
!?
裡面裝著「智慧」。
智慧
智慧……？

今天找你來不為別的，
是要問你一個問題……
你必須誠實回答。
黃金和智慧……
如果可以得到其中一方，
你會選哪一個？
黃金和……智慧？
我也問了柯比一樣的問題，
但是先不告訴你他的答案。
那麼，
你的答案是？

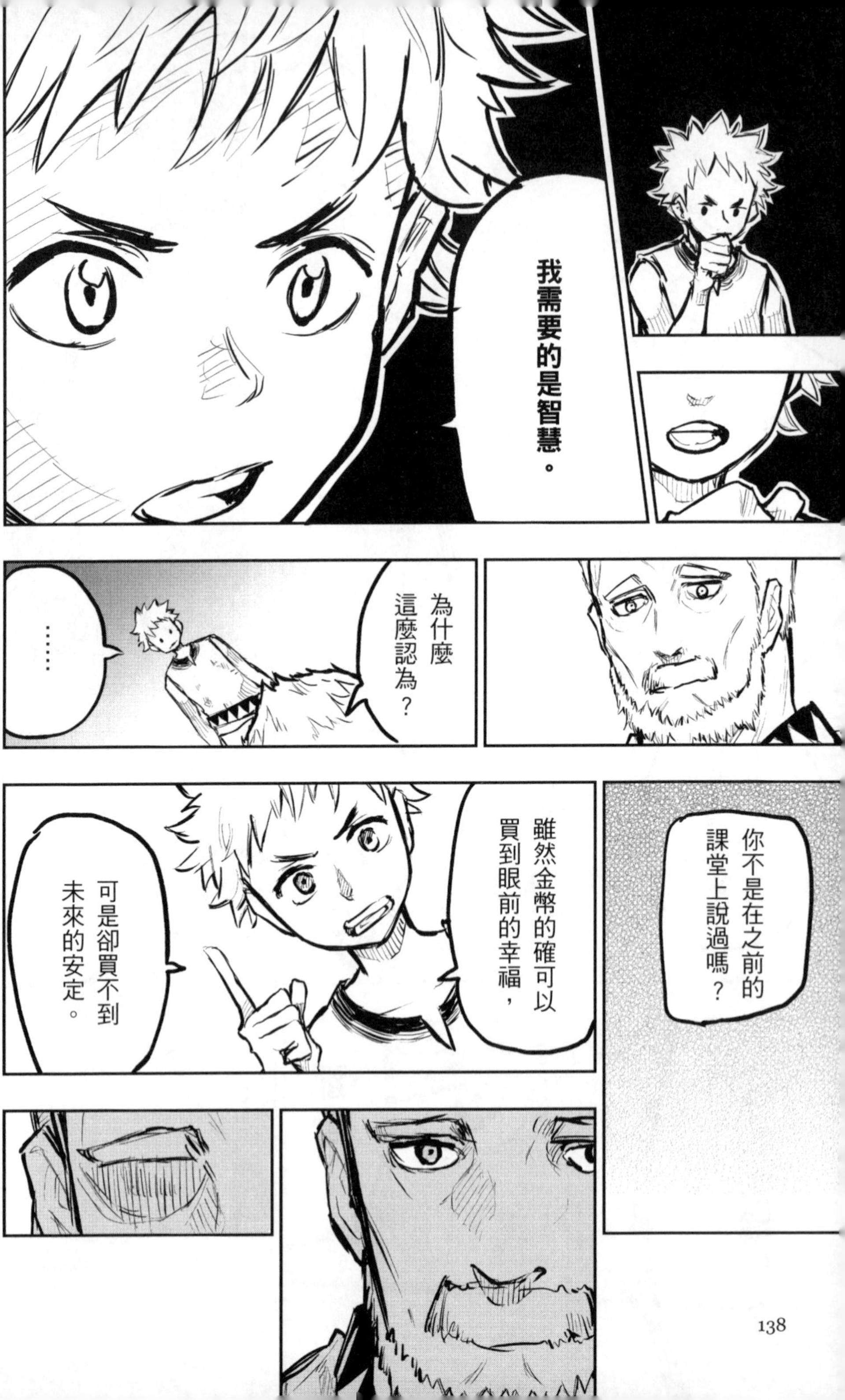
我需要的是智慧。
為什麼這麼認為？
……
你不是在之前的課堂上說過嗎？
雖然金幣的確可以買到眼前的幸福，
可是卻買不到未來的安定。

你可以證明這件事嗎？
……證明？
!?
我可以給你一個機會，讓你證明這件事。
然而，過程中伴隨著危險和困難。
……
什麼意思？
我要讓你
去外地歷練。

如果智慧比黃金更重要的話，
你帶著這些金幣和智慧出發，
直到兩個袋子都裝滿金幣之前，
不准回巴比倫。
照理來說，只要有智慧，就可以賺到黃金！

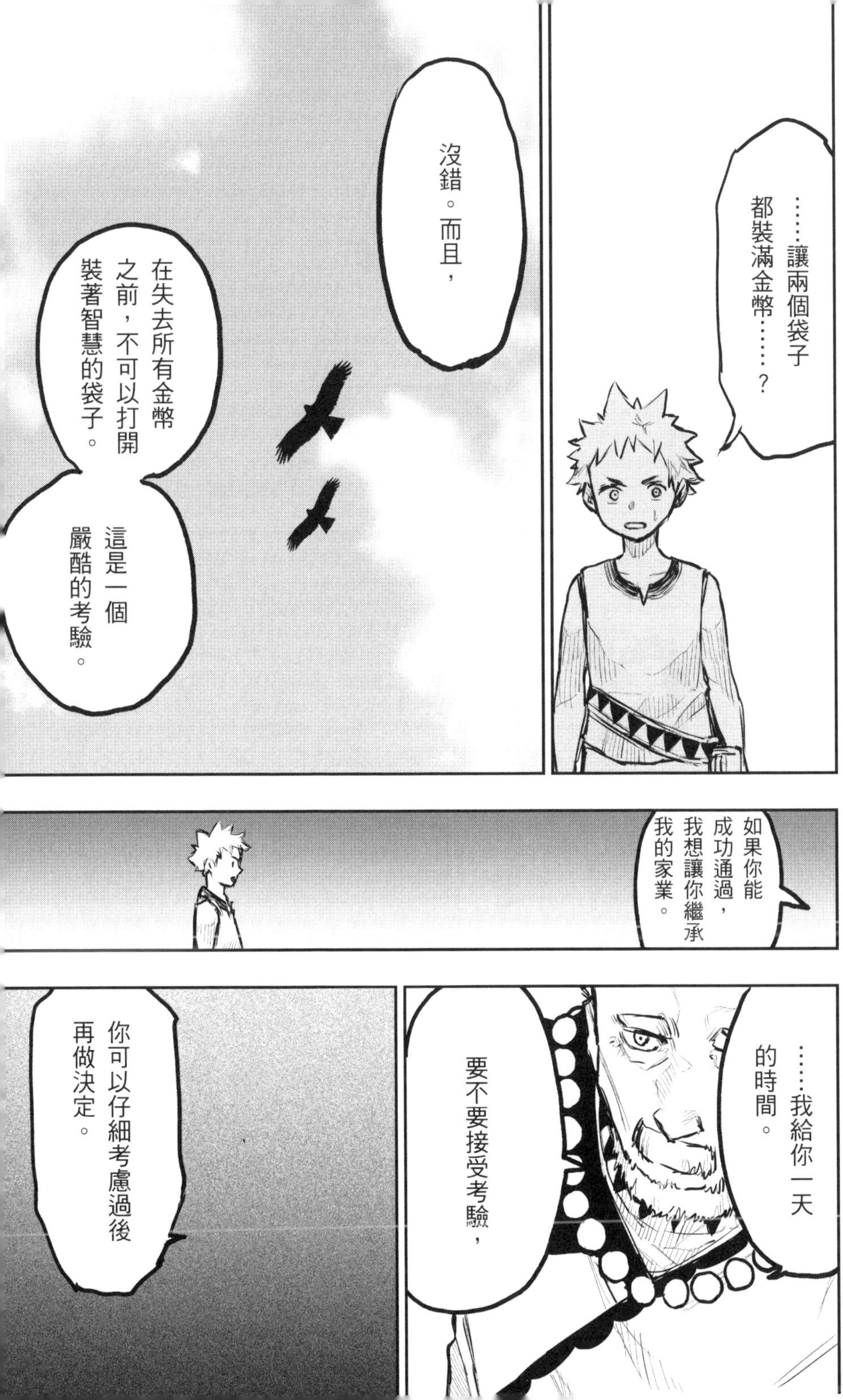
……讓兩個袋子都裝滿金幣……？
沒錯。而且，
在失去所有金幣之前，不可以打開裝著智慧的袋子。
這是一個嚴酷的考驗。
如果你能成功通過，我想讓你繼承我的家業。
……我給你一天的時間。
要不要接受考驗，
你可以仔細考慮過後再做決定。

爸，媽，
我和阿卡德談了一下。
和阿卡德大人……？
談了什麼？

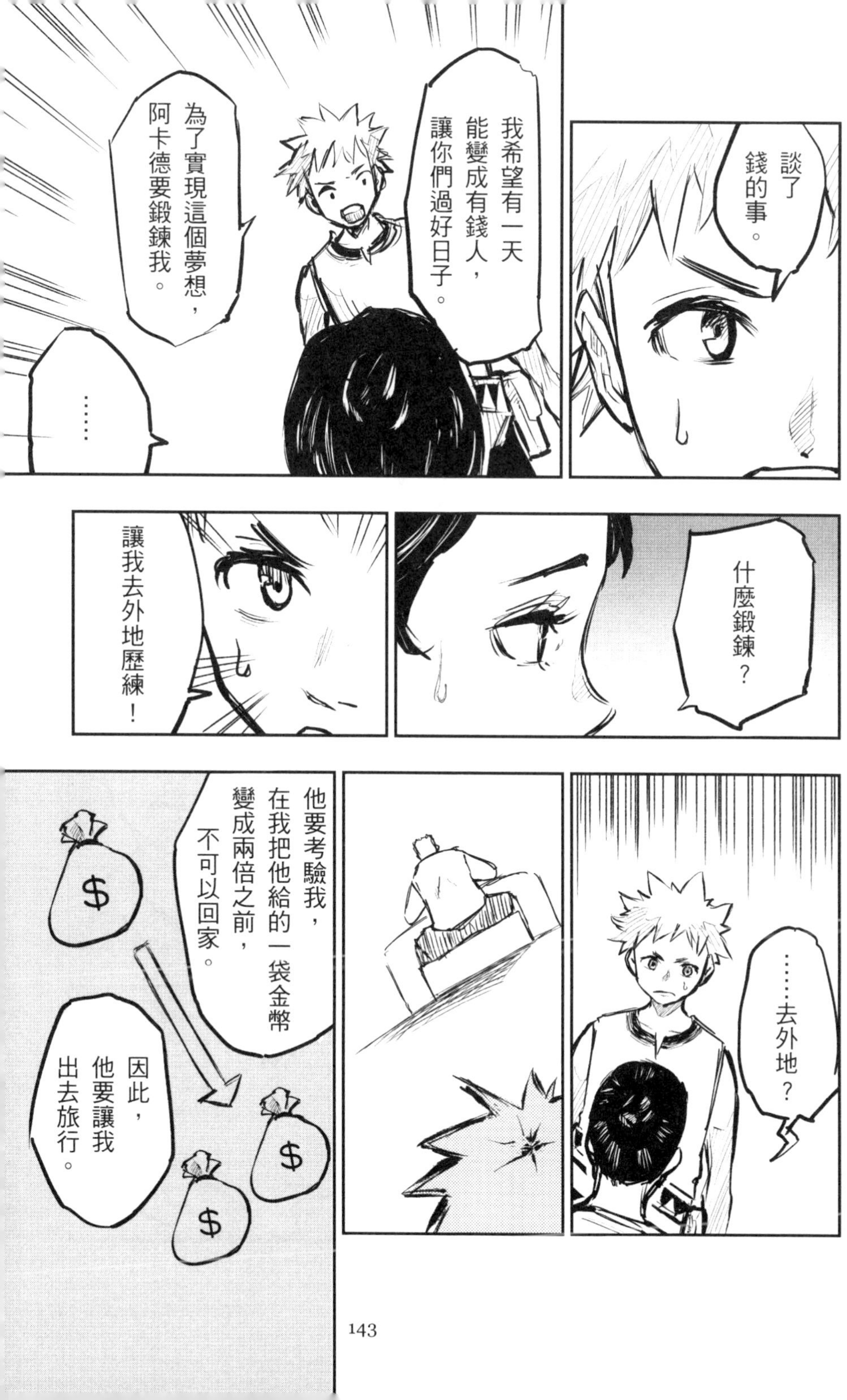
談了錢的事。
我希望有一天能變成有錢人，讓你們過好日子。
為了實現這個夢想，阿卡德要鍛鍊我。
……
什麼鍛鍊？
讓我去外地歷練！
……去外地？
他要考驗我，在我把他給的一袋金幣變成兩倍之前，不可以回家。
因此，他要讓我出去旅行。

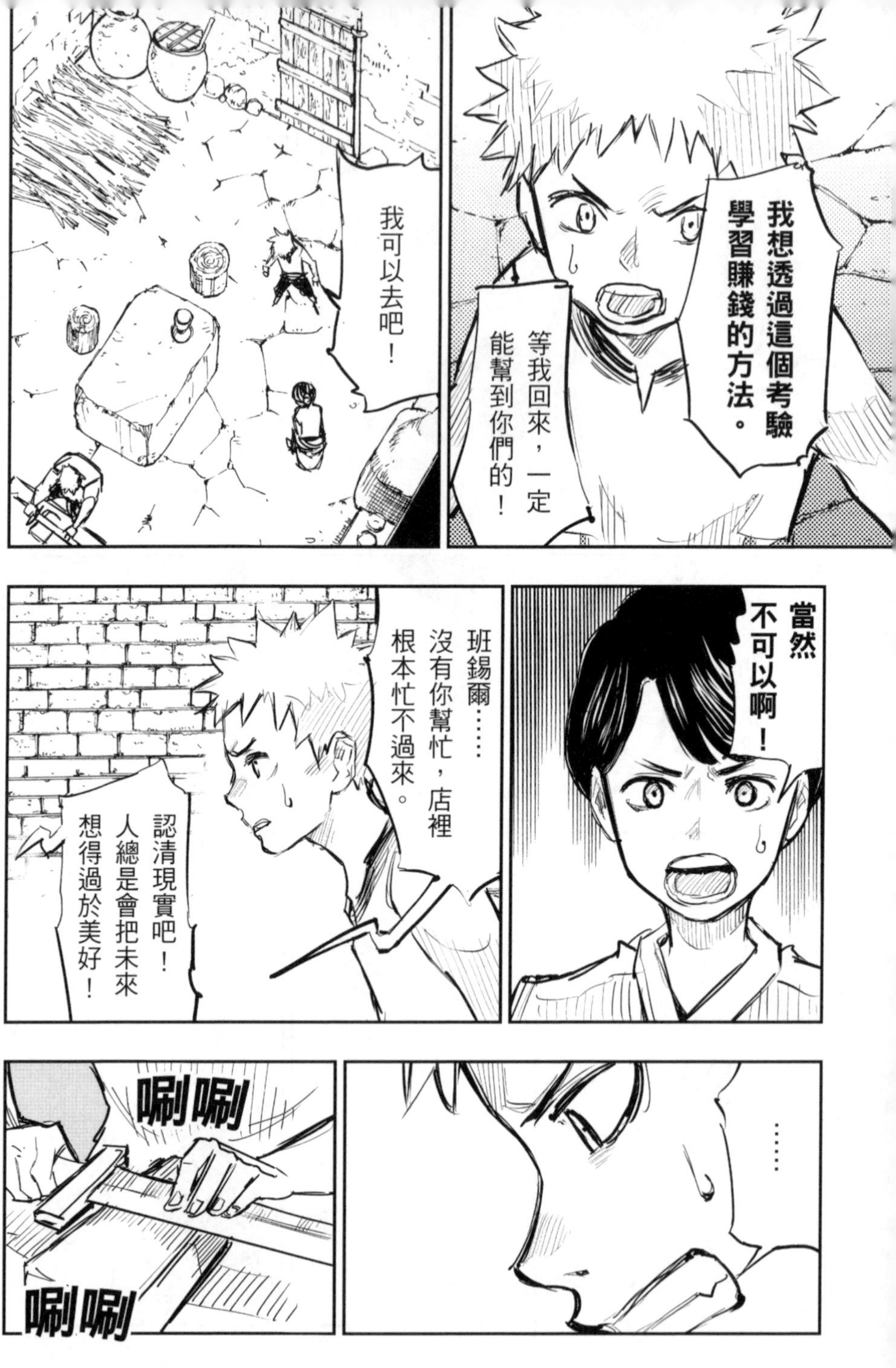
我想透過這個考驗學習賺錢的方法。
等我回來，一定能幫到你們的！
我可以去吧！
當然不可以啊！
班錫爾……沒有你幫忙，店裡根本忙不過來。
認清現實吧！人總是會把未來想得過於美好！
……
唰唰
唰唰

銳利
……
讓他去吧。
……
老公……。
唰唰
唰唰
唰唰
唰唰
班錫爾從小就幫了家裡很多忙，

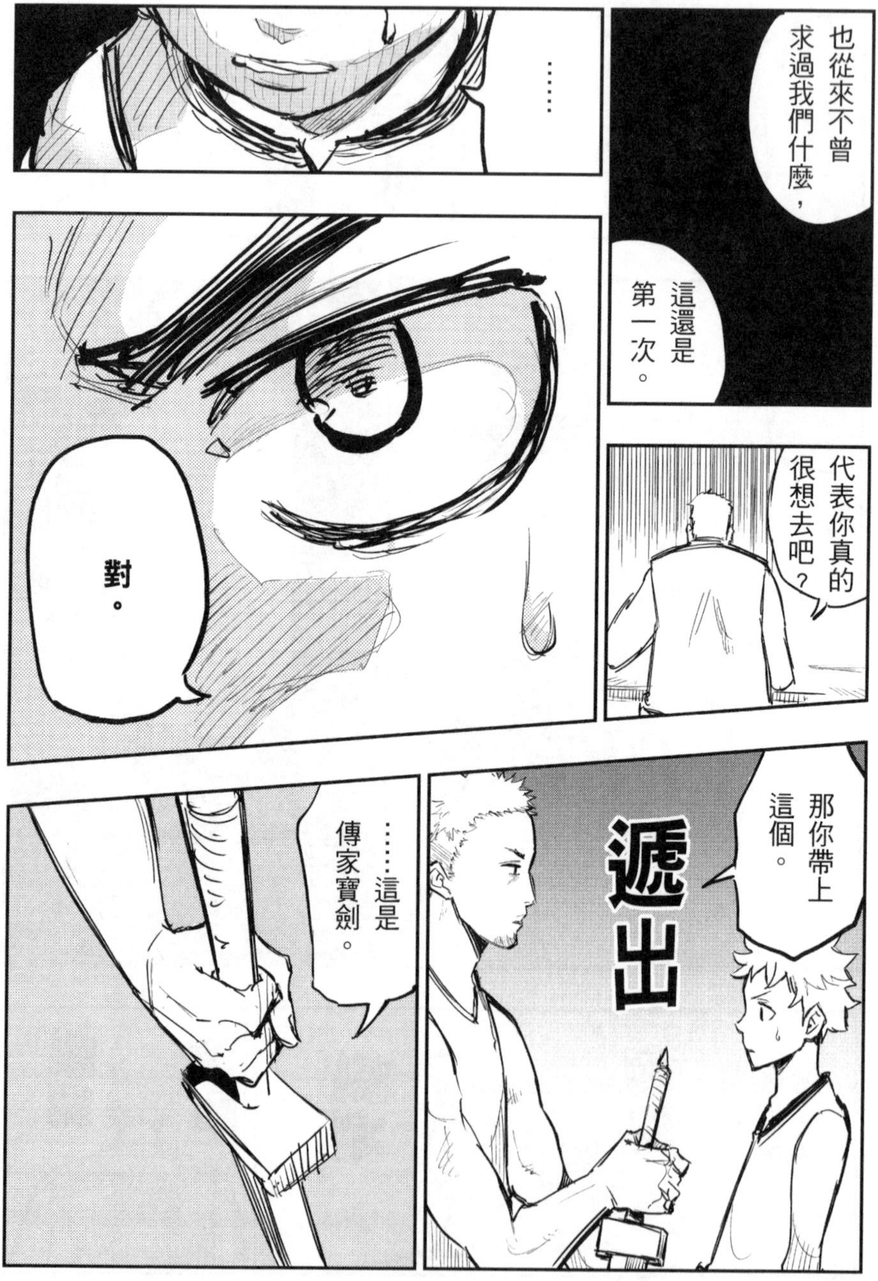
也從來不曾求過我們什麼，
這還是第一次。
……
代表你真的很想去吧？
對。
那你帶上這個。
遞出
……這是傳家寶劍。

孩子的媽。
……
拜託了。
……
……！
可以請妳再陪我辛苦一陣子嗎？
……

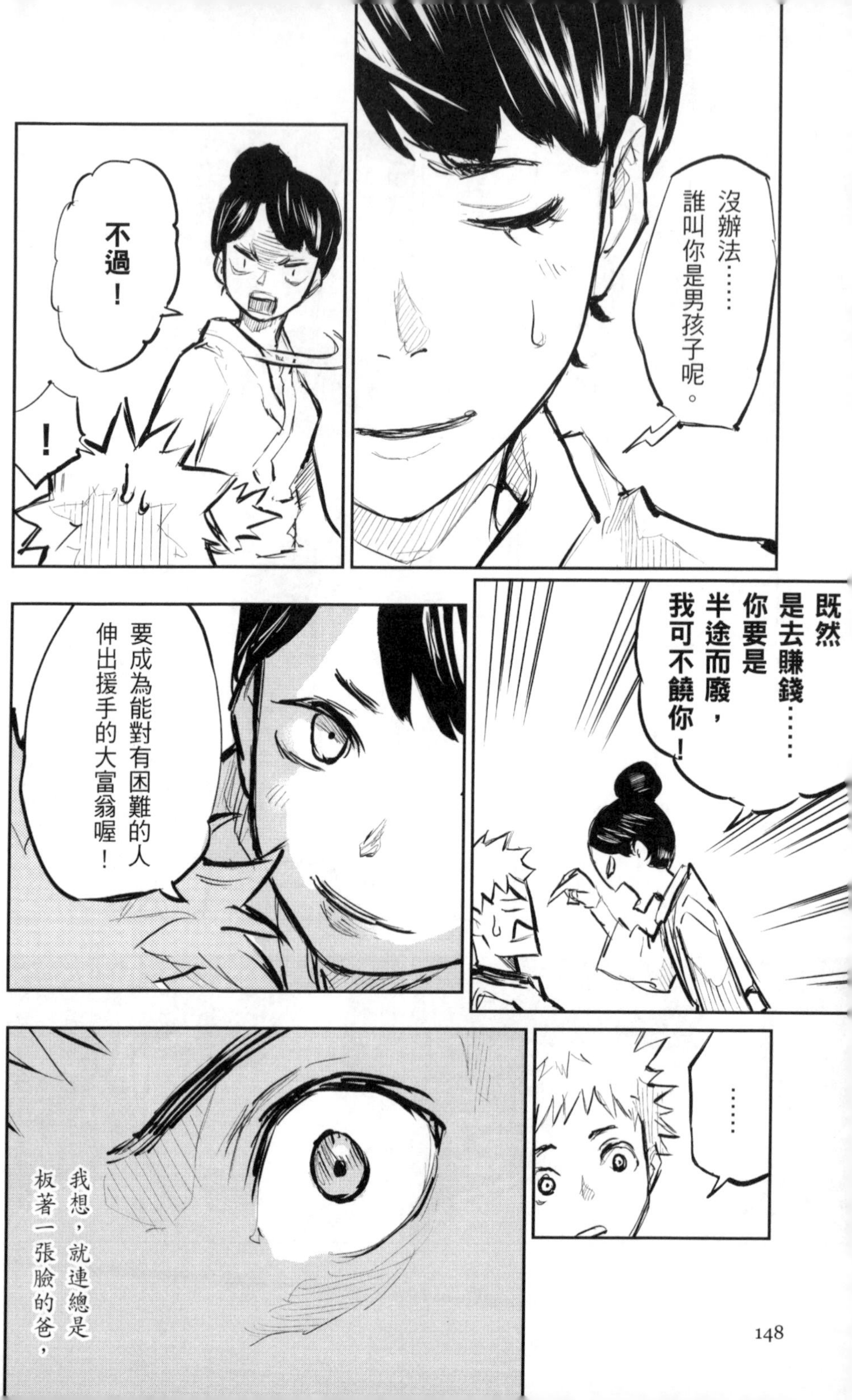
沒辦法……誰叫你是男孩子呢。
不過！
！
既然是去賺錢……你要是半途而廢，我可不饒你！
要成為能對有困難的人伸出援手的大富翁喔！
……
我想，就連總是板著一張臉的爸，

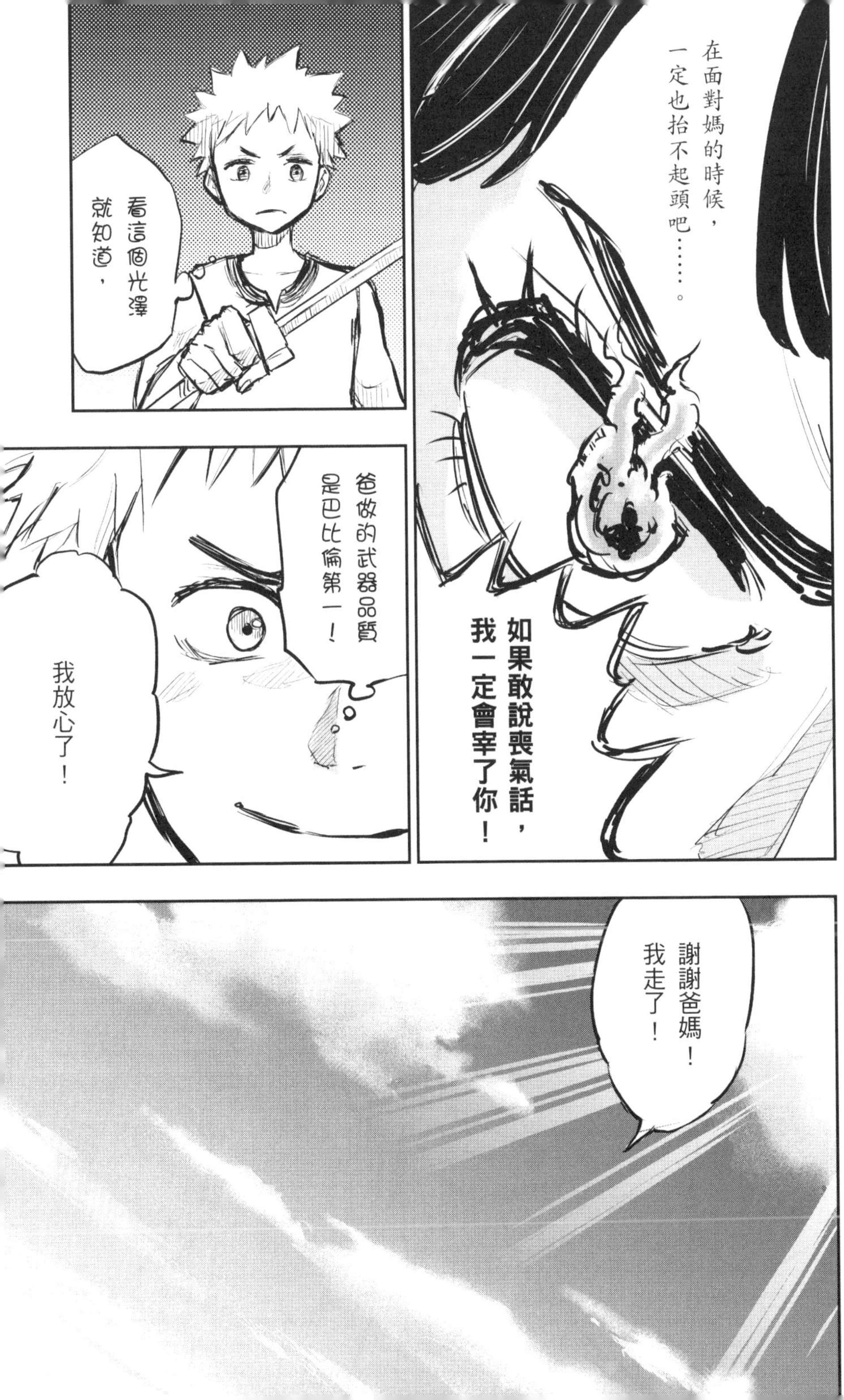
在面對媽的時候，一定也抬不起頭吧……。
如果敢說喪氣話，我一定會宰了你！
看這個光澤就知道，
爸做的武器品質是巴比倫第一！
我放心了！
謝謝爸媽！我走了！

阿卡德大人，班錫爾來了。
！
阿卡德……我不需要一天那麼久。
我要去。
請讓我去！

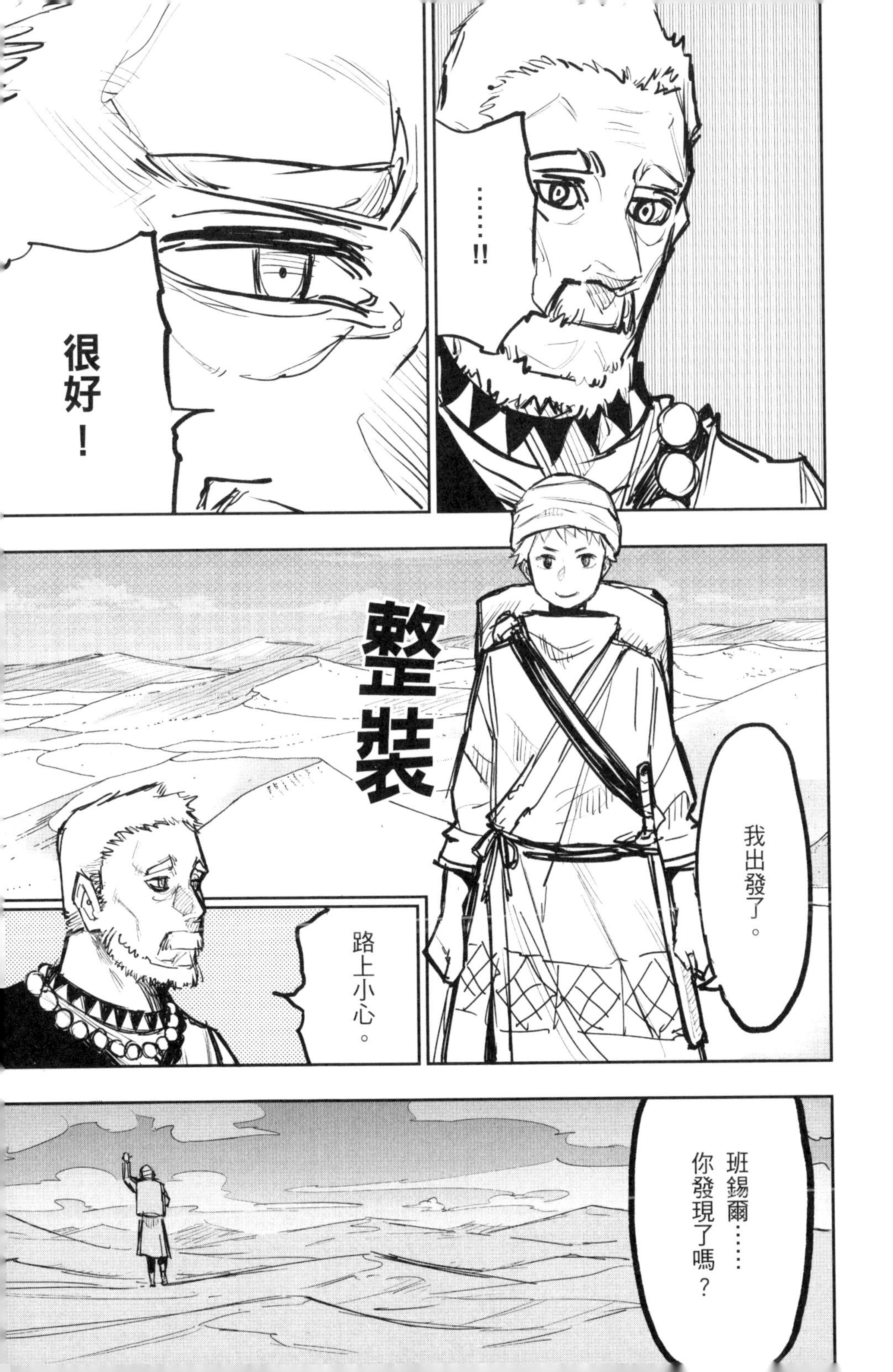
……!!
很好！
整裝
我出發了。
路上小心。
班錫爾……你發現了嗎？

門已經開了。
拿起
尼尼微……就先去這裡吧！
那是一座新興城市，一定有賺錢的機會！

小心盜賊！
看到了……！

好像還有
一段距離……
嘶嘶──
!!
哇
哇啊!
勒馬

哇！抱歉抱歉！
我的馬精力太旺盛了。
蓋札
看你背上的行李……是要去尼尼微嗎？
對……對啊！
那還真巧！你說是吧，戈畢？
就是啊！
我們剛好也要去尼尼微。
可以的話，要不要一起走啊？
人多一點也比較安心嘛！
我叫蓋札。
這兩個人是戈畢和達伯特。
達伯特，拿水來！

來，你拿去喝吧！
不用客氣！
！
是水！
……
嘿嘿！
我們交個朋友吧！
黑巴松也這麼說呢！
牠是我引以為傲的馬。
咈咈
……
黑巴松？

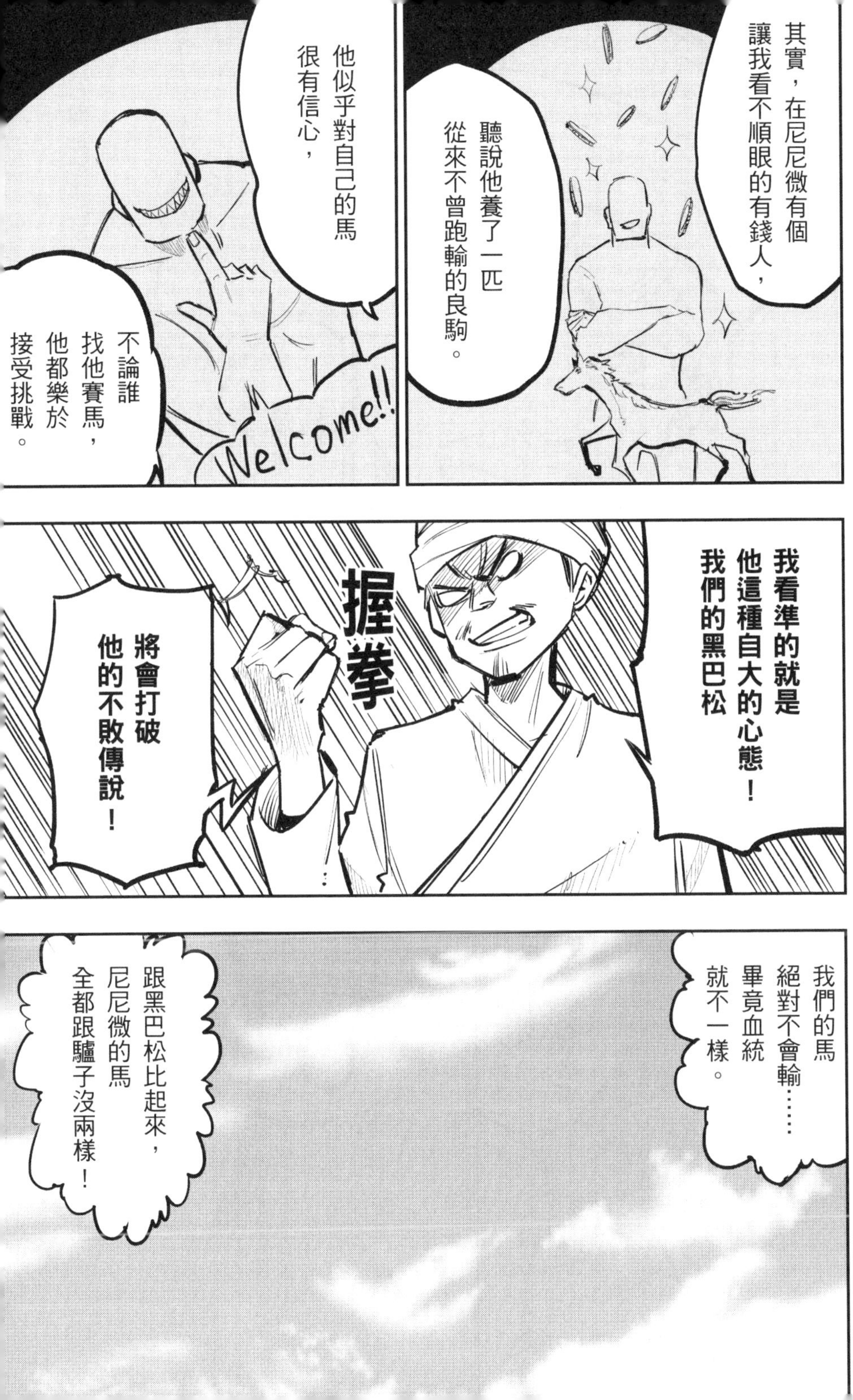
其實，在尼尼微有個讓我看不順眼的有錢人，
聽說他養了一匹從來不曾跑輸的良駒。
他似乎對自己的馬很有信心，
不論誰找他賽馬，他都樂於接受挑戰。
Welcome!!
我看準的就是他這種自大的心態！我們的黑巴松
握拳
將會打破他的不敗傳說！
我們的馬絕對不會輸……畢竟血統就不一樣。
跟黑巴松比起來，尼尼微的馬全都跟驢子沒兩樣！

……你確定那匹馬能贏嗎？
要是沒信心，我們也不會大老遠跑到尼尼微啦！
班錫爾，你要不要加入我們？
……
如果這個男人說的是實話……
就可以一口氣大賺一筆！
可是……〈黃金七箴言〉的第四句又說：「堅守財富，避開危險和天敵」……。
……

抱歉，我不能加入……。
因為也有可能會賠很多錢。
你不相信我嗎？
我的年紀可沒有小到會隨便聽信他人的話。
是嗎——？真是太可惜了！
算了！那我去街上問問其他人吧。
!
願意加入的人應該多得是。
畢竟其他地方可沒有這麼好康的事。
!?
班錫爾啊，你想想，如果正常工作，你要做多久才賺得到一枚金幣？
搞不好做到一半就被太陽曬死了！
的確，如果腳踏實地工作的話……
不知道得花幾年……。
!……

而這場比賽可以讓我們的錢翻個兩、三倍！
兩、三倍……！
獲利這麼高嗎？
說不定還給阿卡德兩袋金幣之後還會有剩……。
這樣一來……就可以讓家人過好日子了……！
沒錯！
這就是賭博的樂趣所在啊！
讓我們一起把尼尼微的有錢人嚇得屁滾尿流吧！

咈咈——！
到尼尼微了。
噔
噔

你們是什麼人？
我們是來向葛拉哈德的馬下戰帖的。
這些就是想和我比賽的小鬼頭嗎？
事不宜遲，馬上來比吧！
跟我來！
沙沙
……

鏘
鏘
咈咈
咈

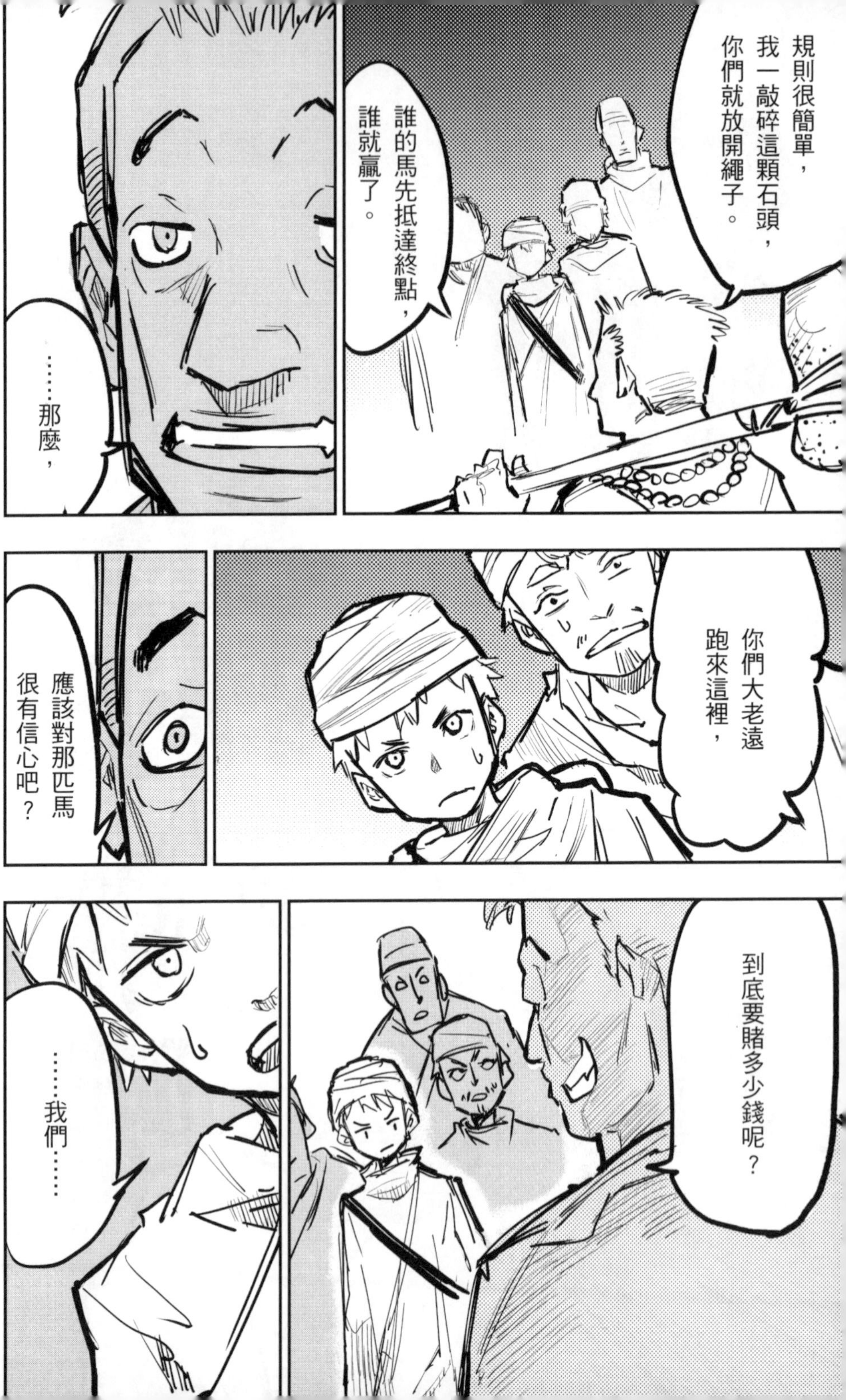
規則很簡單，我一敲碎這顆石頭，你們就放開繩子。
誰的馬先抵達終點，誰就贏了。
……那麼，
你們大老遠跑來這裡，
應該對那匹馬很有信心吧？
到底要賭多少錢呢？
……我們……

要賭這一整袋金幣！
比賽就是要這樣才夠看啊！
笑。。。
一定要贏啊……！
要來囉……預備……！
開始！
匡噹

嗟
嗟

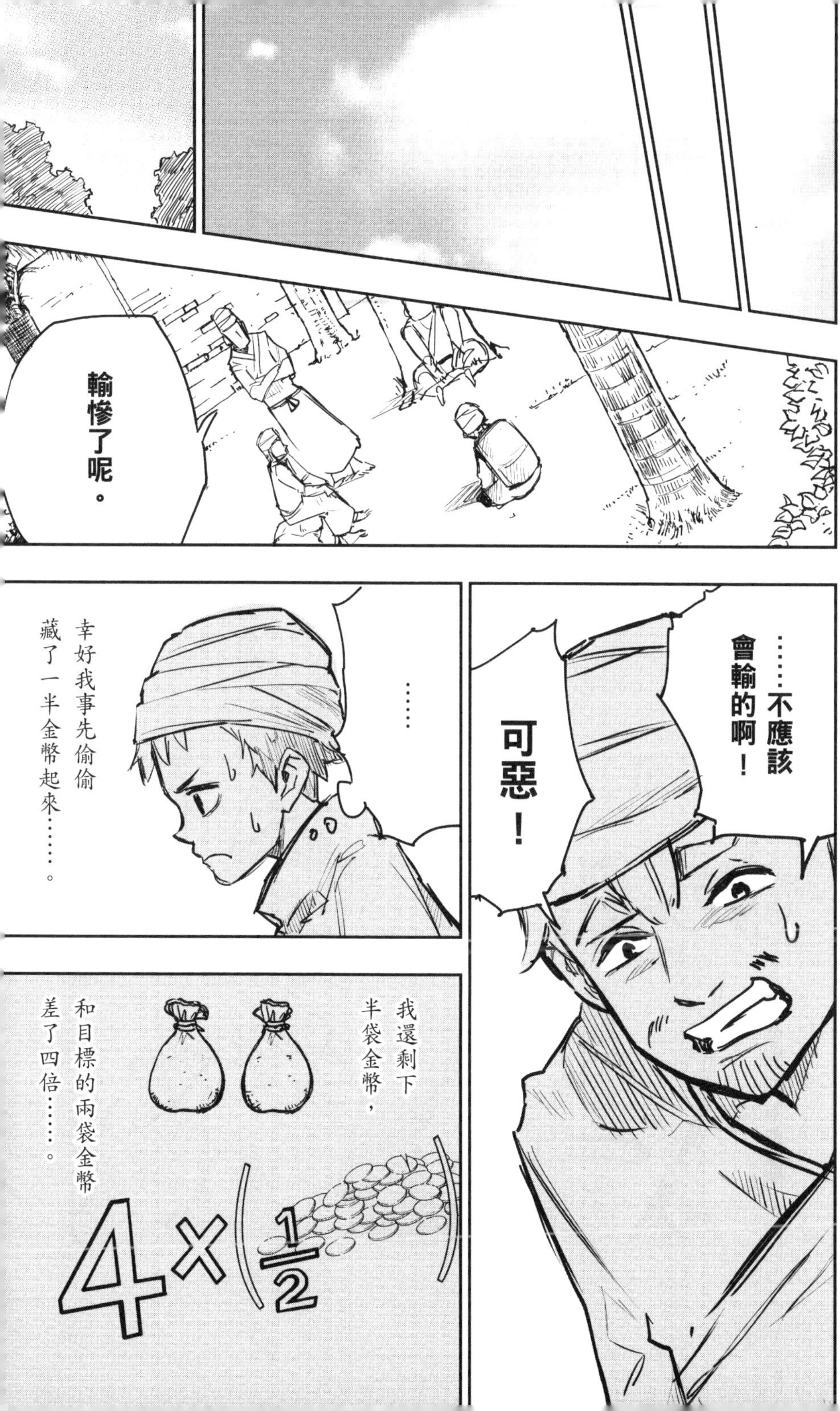
輸慘了呢。
……不應該會輸的啊！
可惡！
……
幸好我事先偷偷藏了一半金幣起來……。
我還剩下半袋金幣，
和目標的兩袋金幣差了四倍……。
4×(1/2)

……
已經……不能再出錯了。
班錫爾。
！
我們要離開了。
你們接下來有什麼打算？
那還用問，當然是要雪恥啊！
我們在故鄉還有一匹上等的好馬。
！
這次絕對不會輸！

我們一定會連你的金幣一起贏回來的！
你等著！
你應該有什麼不得不賺錢的理由吧？
……！
我們把你當成自己人，
讓我們助你一臂之力吧！
……謝謝。
保重啦！
……

很順利呢！
是啊，非常順利！
果然菜鳥初學者就是好騙。
走，我們去把黑巴松還給葛拉哈德吧！
還得跟他分錢呢！

達伯特，你不和同伴一起走嗎？
我才不是他們的同伴！
你還不懂嗎？你被他們騙了。
被騙了？

你知道來尼尼微的人身上都帶了不少錢嗎？
因為大家都想在這個新興城市闖出一片天。
就像這傢伙一樣。
唔……。
請……。
請你們饒我一命……。
要是你肯乖乖聽話，我們就不會害你。
畢竟我們也不想太粗魯。
你會幫我們吧，
達伯特？

我們得去跟尼尼微的有錢人解釋，把錢拿回來才行……！
那個人也是一夥的。
怎麼會……！
雖然不知道原因，不過……你需要錢吧？
我可以幫你喔！
……！

幫我……？
怎麼幫？
我老家在巴比倫，
家裡非常有錢。
之所以
會來尼尼微，
是因為我老爸
認識的一位
當地的寶石商人
生病過世了。
我的店
就交給你了——
因為他們是
老朋友了，總不能放著
對方的店不管吧？
所以，
接手對方的
店鋪重新開業
就是我
此行的目的！

但是，我帶來的財物全都被他們搶走了……。
要是沒被那些傢伙逮到，事情一定會很順利的！
……
這個……呃……請節哀……。
雖然我也沒什麼資格說別人。
所以啦！錢的話，等我回到巴比倫就會還你。
我想跟你借錢，用來當買下店鋪的頭期款。
！

我有看到你留了半袋金幣當作保險。
你真聰明！
……
作為條件，我當然會讓你賺比較多！
我發誓會把營收的七成交給你！
……真不巧，我才剛因為這樣賠了錢。
這不一樣。剛才是因為你想輕鬆獲利。
這次因為還必須打理店面，會很辛苦，
可是不用擔心會賠錢！
……
因為想輕鬆獲利，所以賠錢……？
我有說錯嗎？

拜託啦！
要是知道我的這副慘況，我老爸會宰了我的！
他這個人非常嚴厲！
不然哪有人會讓獨生子只帶著錢就出來旅行啊！
可是，那是愛之深、責之切吧？
是啊！所以我才想和你一起開店賺錢嘛！
……
求求你！我已經只能靠你了！
……好吧。
就這樣，我們兩人一起頂下了寶石店。

滂沱大雨
一個月後
拿起
客人，您喜歡那個嗎？真是有眼光！
……
轉頭
！

……
這個多少錢？
！
謝謝惠顧！
叮鈴！

班錫爾，生意如何？
達伯特！
我好像搞懂這門生意該怎麼賺錢了！
盡可能以便宜的價格向寶石商人購買原石，再盡量以高價賣出加工後的成品！
高
盡可能
低
不過，要是把價格抬得太高，就不會有客人上門……。
我自己是邊做邊學，
你對這個行業了解多少？
什麼都不了解。

……我差不多該跟你說實話了。
？
其實我……
並沒有特別想要事業有成！
……蛤？
都是我老爸太嚴了！
因為我偷吃了店裡的麵包，他把我暴打一頓，
直到我說要自己獨立開店，他才終於放我一馬。
所以說，我只是想逃離老爸的魔掌而已。
……
我知道了……那樣也沒關係。
可是，要是不好好考慮以後的事，你一定會破產喔！

……沒差啊。
想賺錢的是你吧？
那你自己努力就好啦。
啊！
蹲下
我們說好七成歸你，
所以你不能有意見喔。
打開

三成我拿走了。
叮鈴
……怎麼這樣。
腳步
笨重
先走啦！
進門
……
難道說……

達伯特不用工作就能賺錢……
鏗鏘 鏗鏘
難道他也用了〈黄金七箴言〉嗎……?
鏗
不對……他只是懶惰而已!
鼾呼——
生活也只是勉強過得去……
……呼!
不會貪圖安逸。
我……
我得加油才行……!

閃閃發光
做得不錯嘛，班錫爾。
！
好！
聶拔茲先生！
採礦工人
聶拔茲
當初你來找我做生意時，我還擔心會怎麼樣呢！
看來你漸漸上軌道了吧？
托您的福……！

來，這是說好的貨。
！
謝謝您！
咚咚
好棒的原石……光澤真美。
那就好。希望你生意興隆。
……謝謝！
我差不多該睡了，得為明天做準備。
……

班錫爾，雖然跟你說這些不太好……
不過，你的合夥人看起來完全沒在工作，
是不是和他拆夥比較好？
……不行啦，因為這是他的店。
……
我生意上的夥伴說，他看到你的合夥人在風化街大肆揮霍。
……怎麼可能！
他沒有那種錢啦！

……你最好確認一下。
……
掀蓋

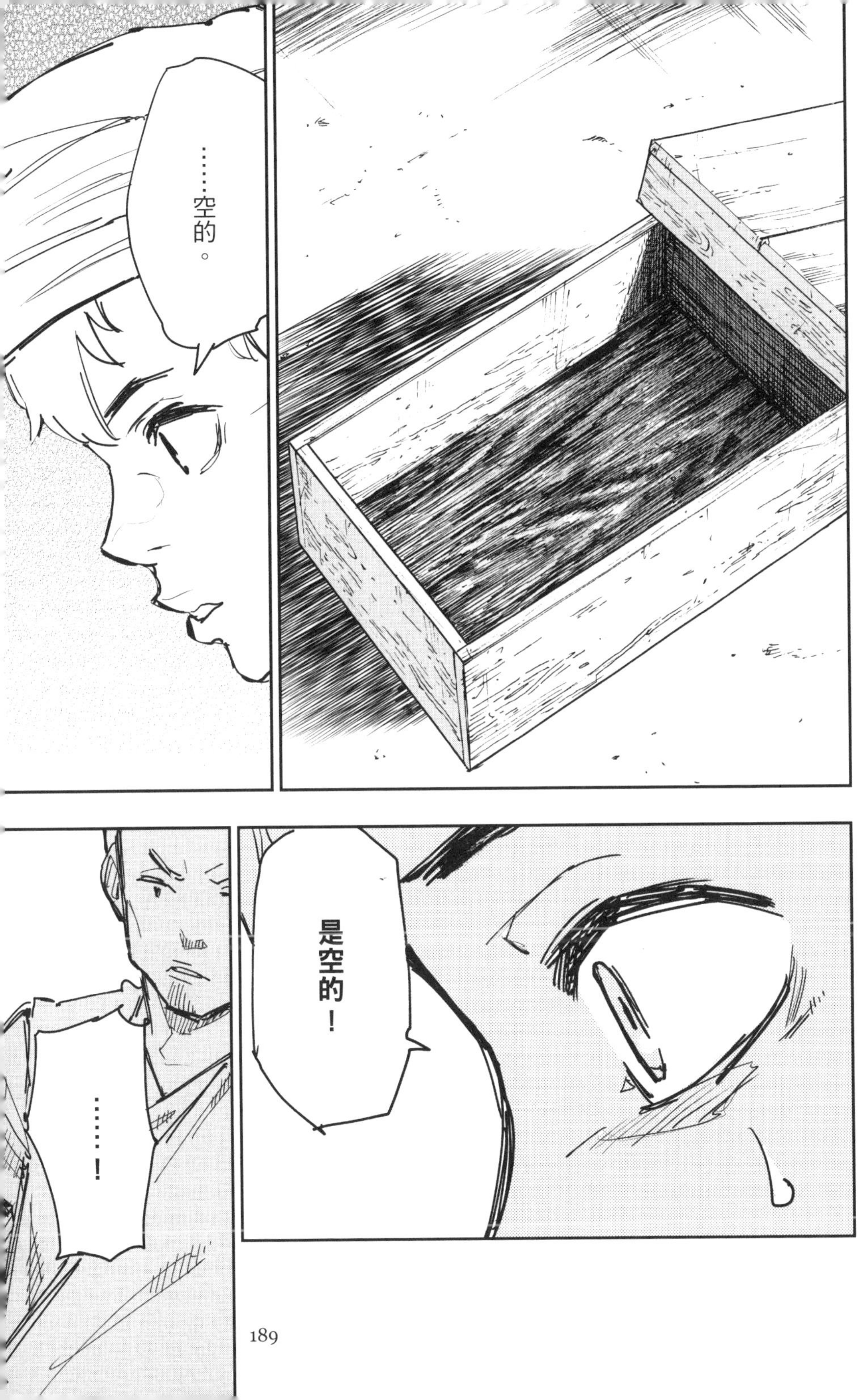
……空的。
是空的！
……！

達伯特！
快醒醒！
嗯……？
怎麼了，班錫爾？別搖了。
幹什麼啦？你沒有權利吵我睡覺吧！
錢箱是空的！
裡面有我的所有積蓄……！
……
我不清楚耶？

少裝蒜了！
聶拔茲先生！
班錫爾，這傢伙是誰……！
!?
驚嚇
我是班錫爾的合作廠商！
……合作廠商？
哈哈！我懂了，班錫爾。
你背叛我，和其他人合夥了，對不對？
竟然說背叛……這個蠢貨……！
聶拔茲先生！

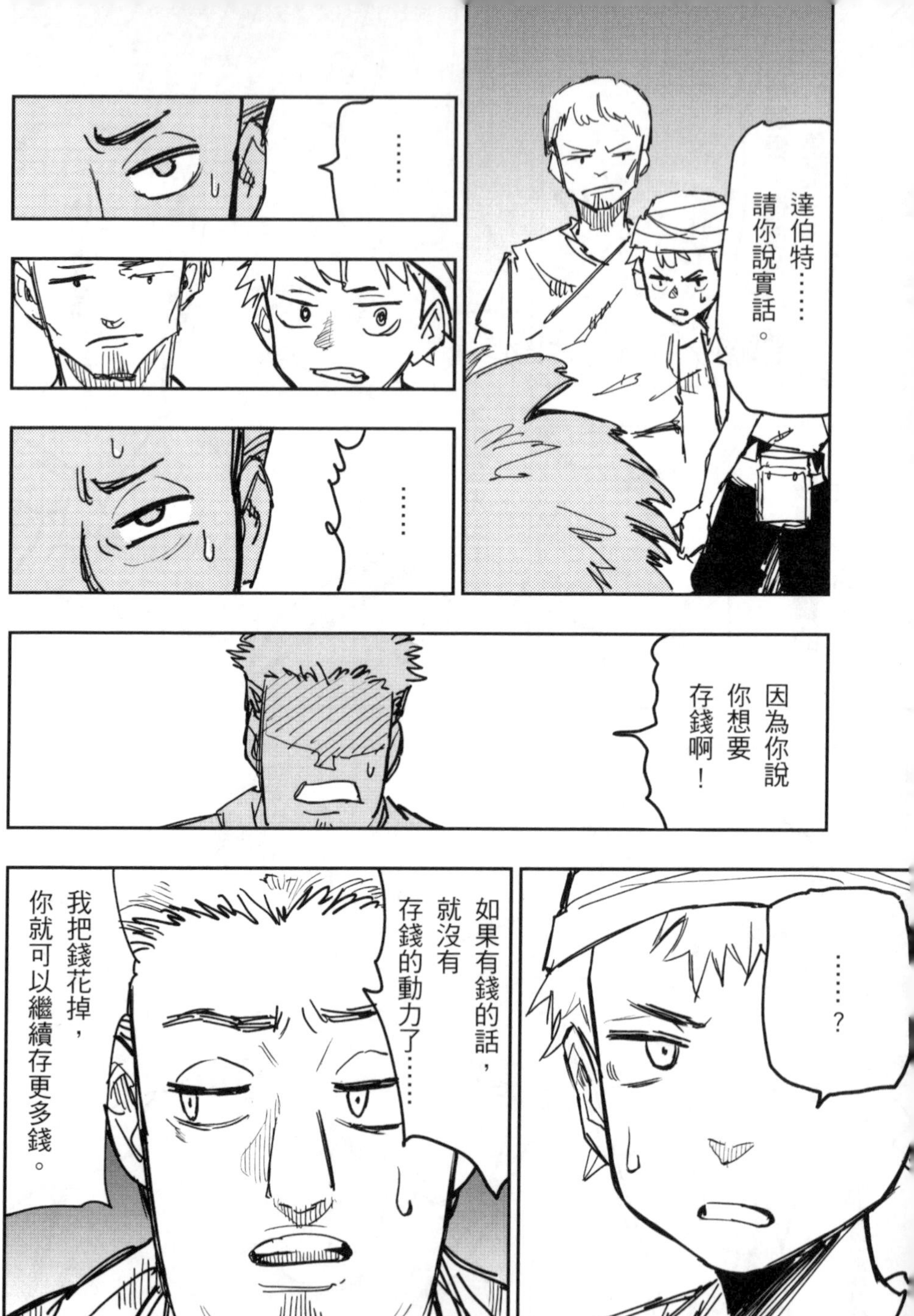
達伯特……請你說實話。
……
……
因為你說你想要存錢啊！
……？
如果有錢的話，就沒有存錢的動力了……
我把錢花掉，你就可以繼續存更多錢。

我是忍痛花掉你的錢的！
我沒有錯！
砰
砰
碰
碰碰
聶拔茲先生！
你一定不知道吧……？
五天前，
下過雨的隔天……
班錫爾把頭磕在地上求我幫忙！

拜託了！
本錢的話我有……
請把礦石賣給我！
……可是，
就算你突然
跑來找我……。
還請您幫幫忙……

……
為什麼你要做到這個地步？
因為我答應過家人。
？
我答應過他們，
我一定會
變成富翁！

拿去吧！
!!
咚
咚
錢就先欠著。

……非常感謝您！
我已經無法繼續和你合作了。
等等，班錫爾！
我們還可以賺更多錢！不然……
對了！我可以拜託在巴比倫的老爸送錢給我！

令尊不是很嚴厲嗎？
面對即將在無人島生活的「奴隸」，就算給他夠吃一天的魚也毫無意義。
……等一下嘛！是我錯了！
……
我可不是你所期待的……
那種濫好人。
……班錫爾……。

抱歉，聶拔茲先生。
礦石的錢我一定會給你。
喔、喔……那不要緊，但是班錫爾……。
……
不好意思，可以……
讓我一個人靜一靜嗎？
……我知道了。
要是有困難，隨時來找我。
……謝謝您。

滾落
!
盯——
咕嚕嚕嚕……
……
咕嚕……
……

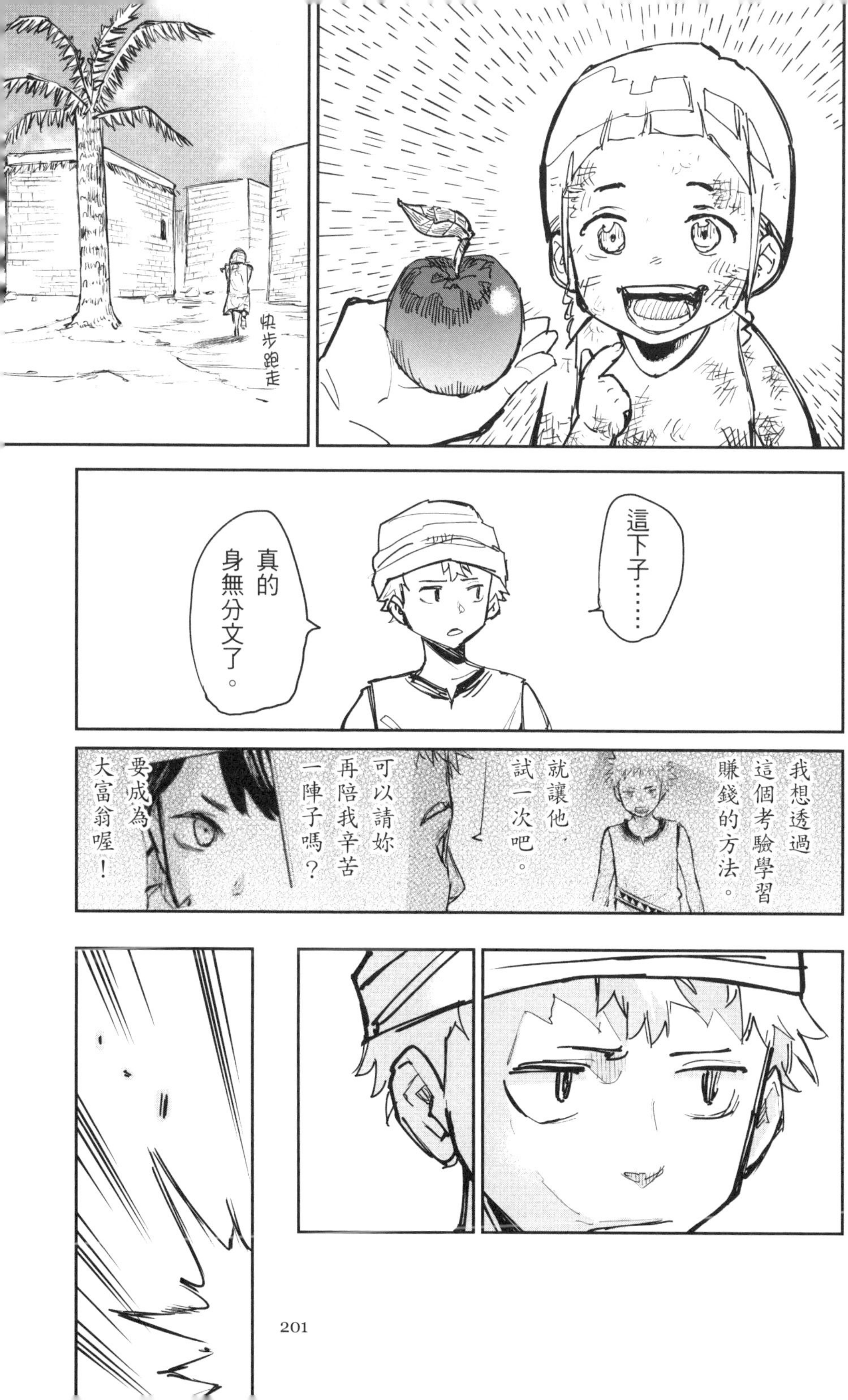
快步跑走
這下子……
真的身無分文了。
我想透過這個考驗學習賺錢的方法。
就讓他試一次吧。
可以請妳再陪我辛苦一陣子嗎？
要成為大富翁喔！

狂奔

喀
唰啊啊啊
碰

……你沒事吧？
……死掉了嗎？
這個掉了喔。
遞
啊！還活著！
抓住
……
……裝著智慧的袋子……。
起身
在失去所有金幣之前，不可以打開裝著智慧的袋子。

泥板……。
……
怎麼了嗎？
……

或許你得花點時間才能理解這塊泥板的內容。
因為刻在這塊泥板上的〈五個法則〉，是將之前的〈七句箴言〉昇華後的「真理」。

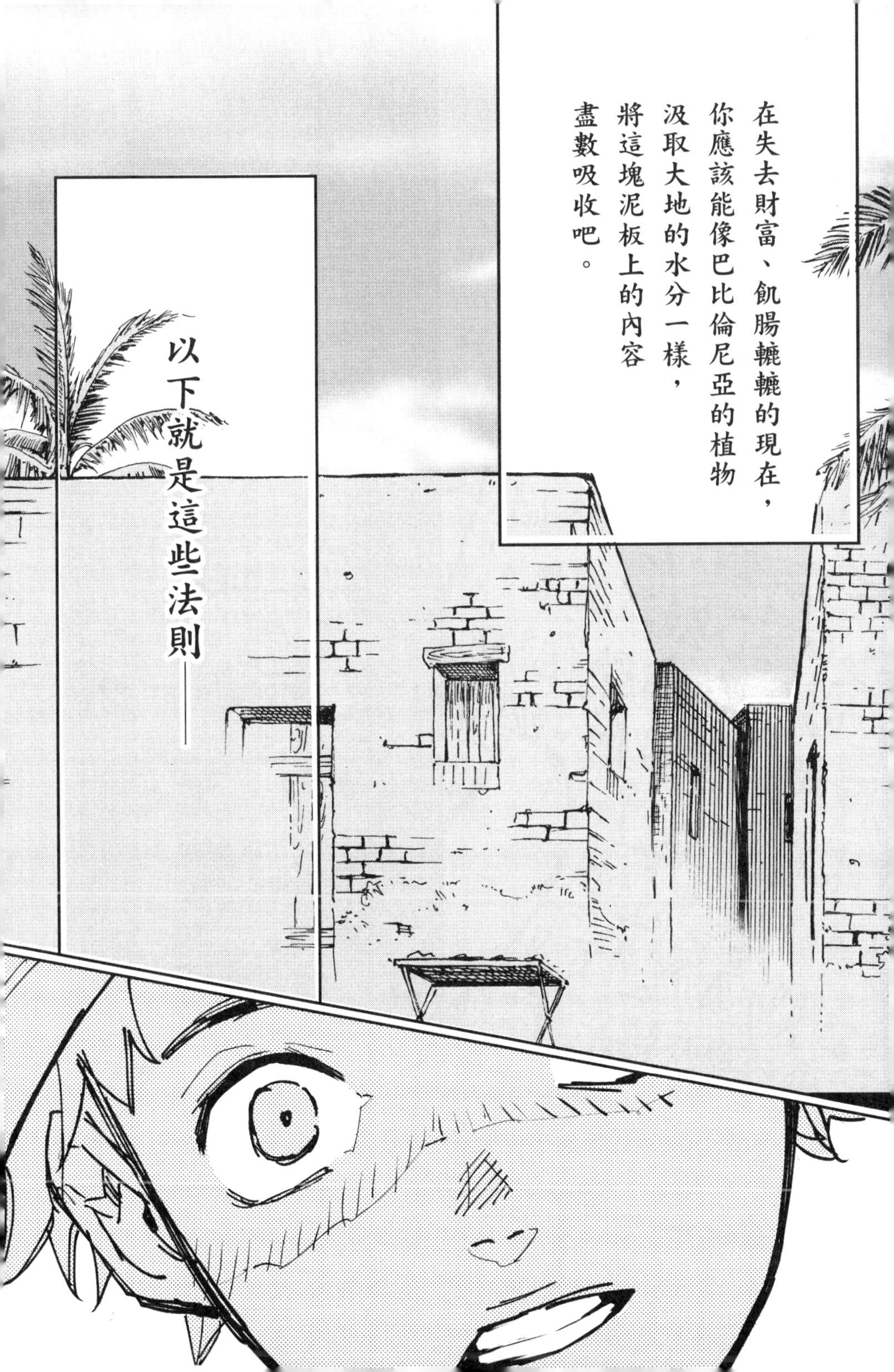
在失去財富、飢腸轆轆的現在，你應該能像巴比倫尼亞的植物汲取大地的水分一樣，將這塊泥板上的內容盡數吸收吧。
以下就是這些法則——

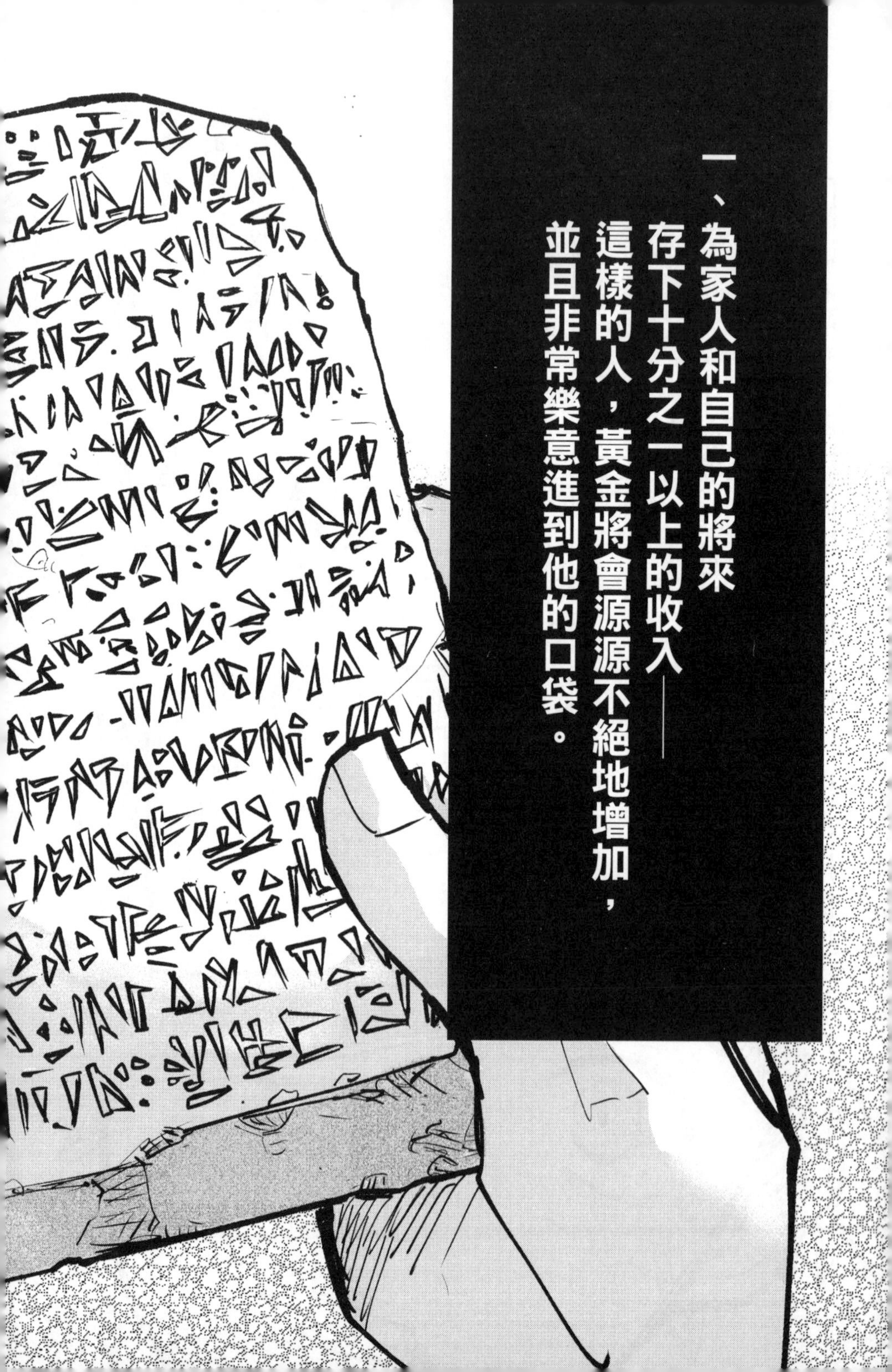
一、為家人和自己的將來
存下十分之一以上的收入——
這樣的人，黃金將會源源不絕地增加，
並且非常樂意進到他的口袋。

二、為黃金尋覓能夠錢滾錢的投資去處，
像讓羊群規模日漸茁壯的牧羊人
一樣聰明睿智——
這樣的人，黃金將會辛勤地為他工作。

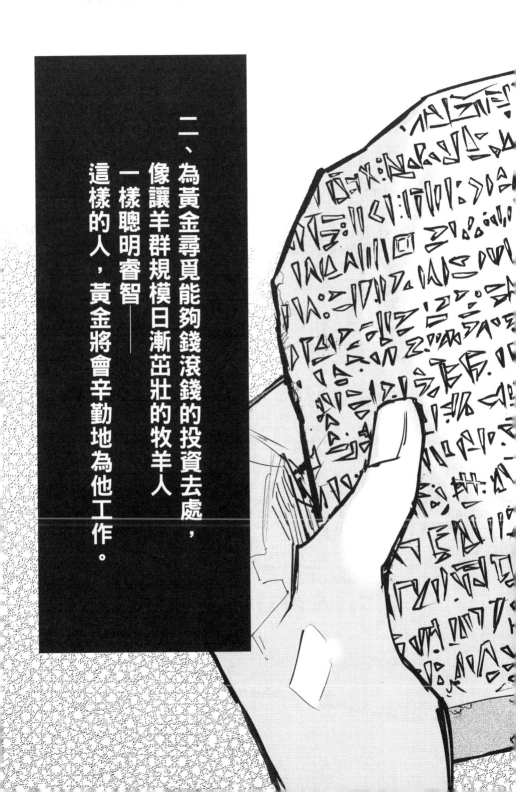

三、認真聆聽理財專家的建言——
這樣的人，黃金不會離他而去。

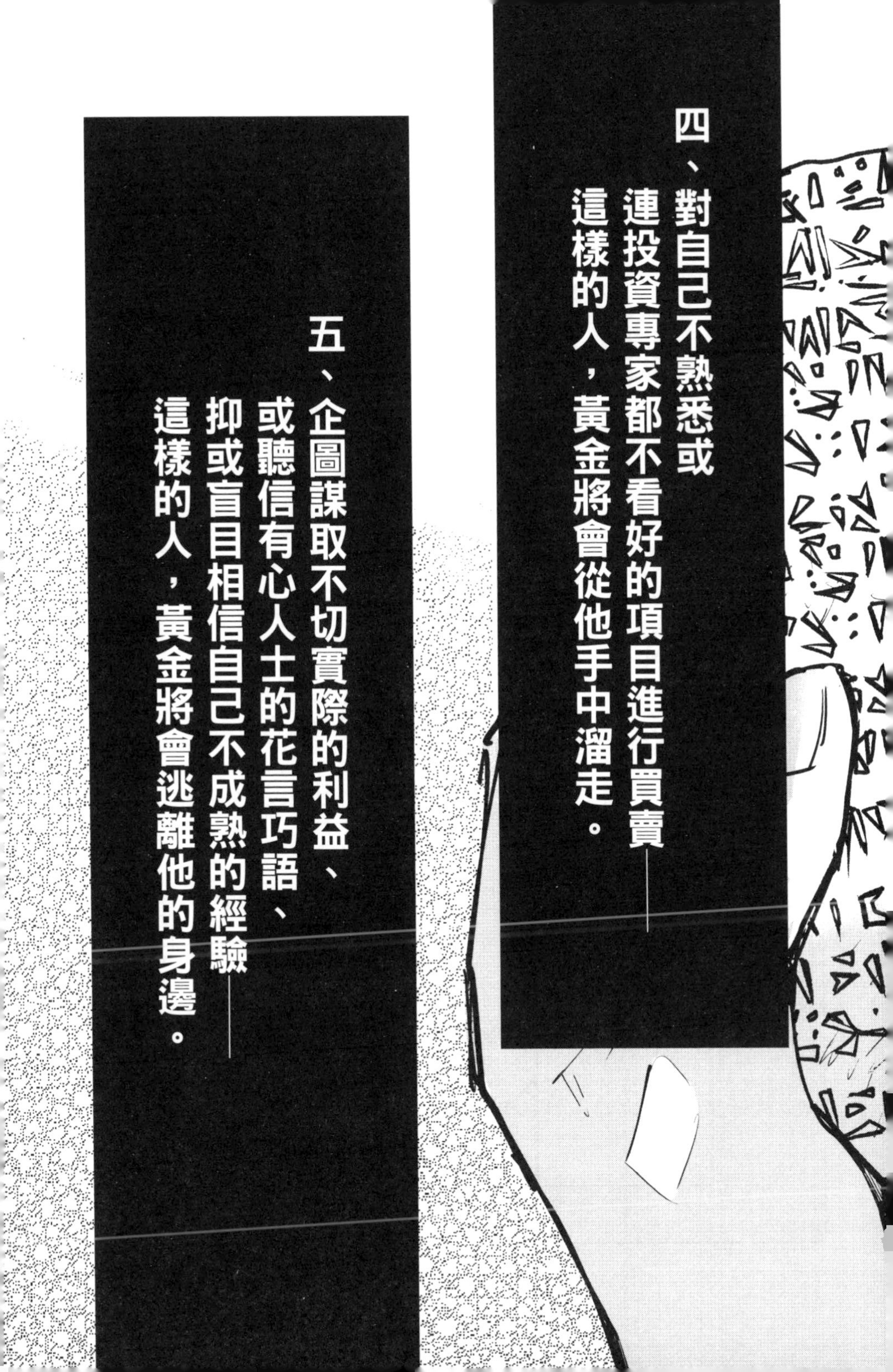
四、對自己不熟悉或
連投資專家都不看好的項目進行買賣——
這樣的人，黃金將會從他手中溜走。
五、企圖謀取不切實際的利益、
或聽信有心人士的花言巧語、
抑或盲目相信自己不成熟的經驗——
這樣的人，黃金將會逃離他的身邊。

……
〈黃金法則〉第五條：企圖謀取不切實際的利益、或聽信有心人士的花言巧語、抑或盲目相信自己不成熟的經驗——這樣的人，黃金將會逃離他的身邊。
——因為想盡快通過考驗，我一度想靠輕鬆的方法讓黃金翻倍……
〈黃金法則〉第四條：對自己不熟悉或連投資專家都不看好的項目進行買賣——這樣的人，黃金將會從他手中溜走。
我和只曉得怎麼花錢的人做起了自己也一知半解的生意。

你還好嗎？
……嗯，謝謝妳。
！
哈哈！你在哭耶！
只是跌倒而已耶！—
嗯，沒關係。
要保護的東西都沒有了……。
……
就算被笑也無所謂。
我要從這裡重新開始……！
一定要成為大富翁！

〈創造「財富」和「幸福」的五個黃金法則〉

法則 1

為家人和自己的將來
存下十分之一以上的收入——
這樣的人，黃金將會源源不絕地增加，
並且非常樂意進到他的口袋。

法則 2

為黃金尋覓能夠錢滾錢的投資去處，
像讓羊群規模日漸茁壯的牧羊人
一樣聰明睿智——
這樣的人，黃金將會辛勤地為他工作。

法則 3

認真聆聽理財專家的建言——
這樣的人，黃金不會離他而去。

法則 4

對自己不熟悉或連投資專家
都不看好的項目進行投資——
這樣的人，黃金將會從他手中溜走。

法則 5

企圖謀取不切實際的利益、
或聽信有心人士的花言巧語、
抑或盲目相信自己不成熟的經驗——
這樣的人，黃金將會逃離他的身邊。

第四章

返鄉

聽從智者的建言，用錢

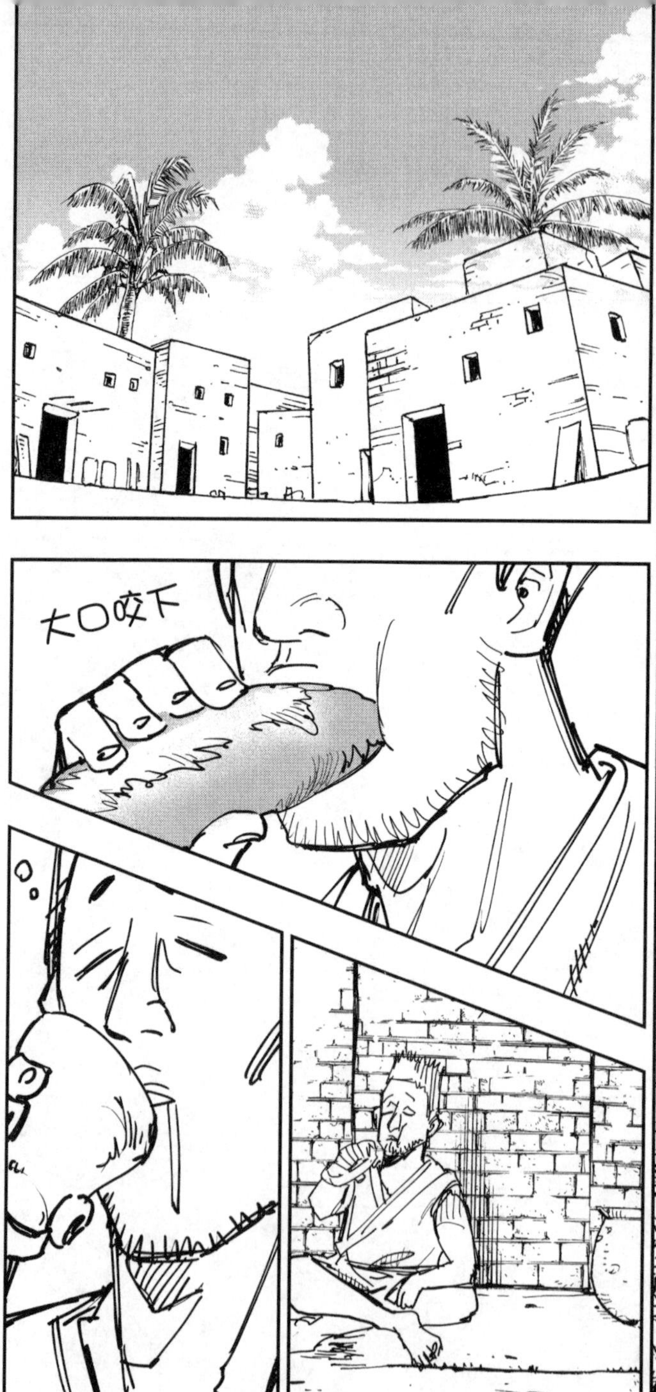
大口咬下

……呼！
看起來有威嚴一點比較好吧？
綁緊
……監督工人的工作也不怎麼輕鬆啊……。
優希亞……。

我還沒有放棄
答應過妳的夢想。
請妳從天上
看著我吧。
你知道為什麼要強化牆壁嗎？
不知道。
好像是為了抵禦亞述人，聽說他們最近要打過來了。
真的嗎！
喂！再不閉嘴做事，小心被罵喔！

動作俐落點！不然你們做到太陽下山都做不完！
……！
加油，就快到了！
那是一年前進來的班錫爾……
他明明是工頭不是工人，
卻和工人們一起揮汗勞動……。

班錫爾。
鐸卜洛夫先生！
抱歉，你先走吧！
我知道了。
聽人說你年紀輕輕就很節儉？沒有把賺到的錢花掉，而是存起來，
還完全沒碰那些存款，是嗎？
……我至少會存下收入的一成！

過去一年，我觀察了班錫爾，
發現他是個非常誠實的年輕人。
既有顧慮到其他人的器量……
也有積蓄。
是個值得信賴的人。
？
……如果是這個年輕人，或許告訴他也無妨。
我有一件好事想告訴你。
與其說是一件好事，不如說是一樁生意……。
！

這座城牆的工程
預計不到一年就會完工。
……？

在那之後，只要再建造一座巨大的青銅門，
保護首都不受敵軍侵襲就可以了。
不過，即使收集全巴比倫尼亞的青銅也不夠造門，
但是國王卻沒有意識到這個問題。
尚未決定
……
因此，我們想出了一個計畫。
……「我們」？

對，我們已經從巴比倫尼亞找到了一些願意出資的夥伴。
member
用這些資金派商隊前往能夠採到銅礦的地方，
挖到銅礦以後，再趕在大門施工前回到巴比倫尼亞。
Go back to Babylonia.
這樣一來，當國王要建造大門時，
獲利的是誰呢？
！

……只有我們可以供給青銅……。
沒錯。
……
〈黃金法則〉第三條…
認真聆聽理財專家的建言——這樣的人，黃金不會離他而去。
如果國王不買這些青銅的話怎麼辦？
問得好。
這樁生意最大的優點就在於它有備案。
？

即使國王不買，
國王不買
我們買！
也會有其他人用適當的價格收購這些青銅。
我懂了。
這是就算國王不買也不會賠的雙重保障……！
我覺得這個計畫很好……。
可是……
！
我以前曾經因為做生意失敗而落得身無分文的下場。
所以，老實說，我很害怕。

會覺得害怕就證明
你曾經經歷過慘痛的教訓。
心中有恐懼的人才能夠謹慎行事，
做出正確的投資。
……
……
那樣就好。
我想買下「班錫爾」
這個資本……
你意下如何？
……
〈黃金七箴言〉
的第七句：
自己就是
資本！

從今天起，你就是我們的夥伴了！
伸手
……不好意思，請容我婉拒您的邀請。
！
應該是我拜託您，
能不能讓我從策劃階段開始參與這樁生意呢？
請讓我為計畫成功盡一份力！
別看我這樣，我有一個認識的礦石商人！
這才是男子漢，班錫爾！

我想委託
下一份工作。

我加入了這個團隊，
並開始幫忙處理其他生意。
避免利益太少或不太可能回本的高風險投資——這就是這個團隊的作風。
$

而且，當成員提出的投資計畫有疏漏時，我們一定會互相指正。
!!
結果——

妳在看嗎……
優希亞

我存到足夠的錢，
達成了此行的目的。
鼾
熟睡
悄悄起身
因為說再見讓人寂寞了……。

狂風呼嘯……
沙沙沙沙

我回來了！
鏘
鏘
鏘
巴比倫

我回來了。
班錫爾！
緊抱
老公！是班錫爾！班錫爾回來了！
……是嗎。

你是不是長高了？比起這個，有沒有受傷？
好好休息吧！
嗯！不過在那之前，我要先去找阿卡德。
鏗鏗
爸，我回來了！
……
真是的！

你總算回來了……班錫爾。
三年……嗎？

來，告訴我你的故事吧。

後來，為了找到新工作，我先去了尼尼微。
尼尼微……亞述帝國的首都嗎？
班錫爾緩緩訴說
他這三年在旅途中失去的東西
以及得到的東西……。
……原來是這樣。

透過這趟旅程，我曉得了一件事。
世界上大部分的人……都覺得自己無法成為像阿卡德這樣的富翁而放棄了。
可是，
只要擁有智慧，並依循智慧採取行動，
不論是誰
都可以變成有錢人！

因為，就連我都可以
賺到這麼多錢了！
……
按照約定，
噹啷
這裡裝著你給我的
金幣的「兩倍」。
啷
請你收下吧。
這趟旅途讓我獲益良多。
謝謝你，阿卡德。
……呵，
這樣啊。

然後，
咚
咚
這些是你給我的
「智慧」的報酬！

我用你給的金幣賺到了三倍以上的錢。
這是
智慧的價值是金幣的兩倍以上！
wisdom
gold
這證明了
……
咯咯……
哈哈哈！
站起
有趣！
你實在是個有趣的人才啊，班錫爾！

沒想到你回來時能夠有這麼多成長！
笑
我不收那些錢！拿去分給你的家人吧。
！
1
我想要的東西只有一個，
那就是你的首肯。

我希望你能和我齊心協力促進巴比倫尼亞的發展。
！
不是作為弟子，
而是讓巴比倫尼亞一年比一年更富裕的
同志。
這是班錫爾
被巴比倫富翁認同的瞬間——。

……
我很樂意！

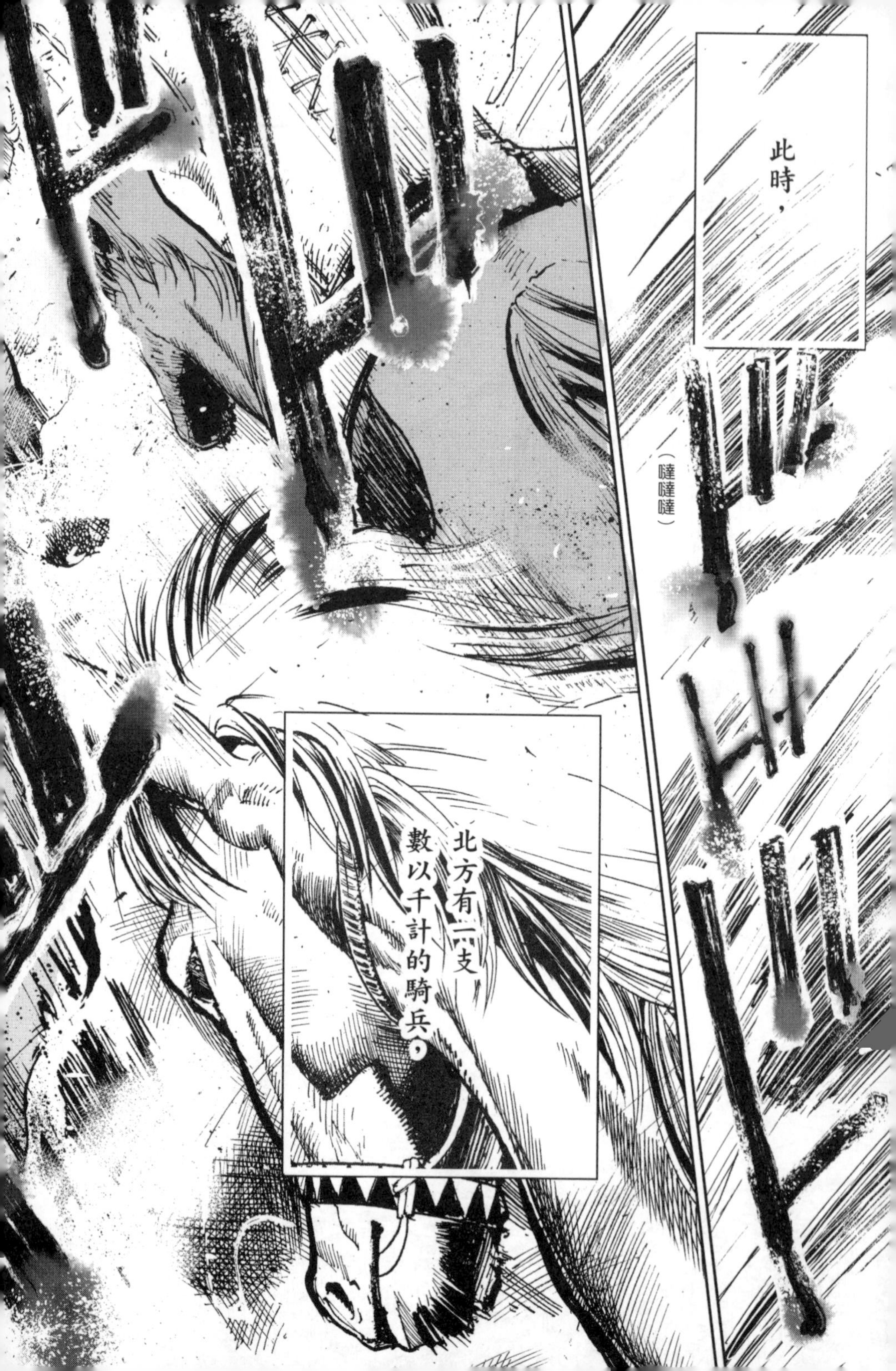
此時，
（噠噠噠）
北方有一支
數以千計的騎兵，

（噠噠噠噠噠噠）
正踩著震耳欲聾的
馬蹄聲朝巴比倫前進。

3

什麼才是現代的「聰明投資」？

阿卡德在黃金法則教我們「存下收入的十分之一，尋找可以錢滾錢的投資方法」，同時也告誡我們「別對危險的買賣出手」。

那麼，讓我們一起來思考，究竟什麼是現代的「聰明投資」呢？

——近幾年，隨著Google、Amazon等仰賴科技的跨國企業問世，我們的生活在短時間內出現了巨大改變。

Google免費提供方便的應用程式和搜尋引擎，無論有什麼問題，它都能夠為你解答；另外，如果想要什麼東西，只要登入Amazon的網站並點擊商品圖片，它就會幫你宅配到家。不知不覺間，它們成了我們生活中不可或缺的一部分。

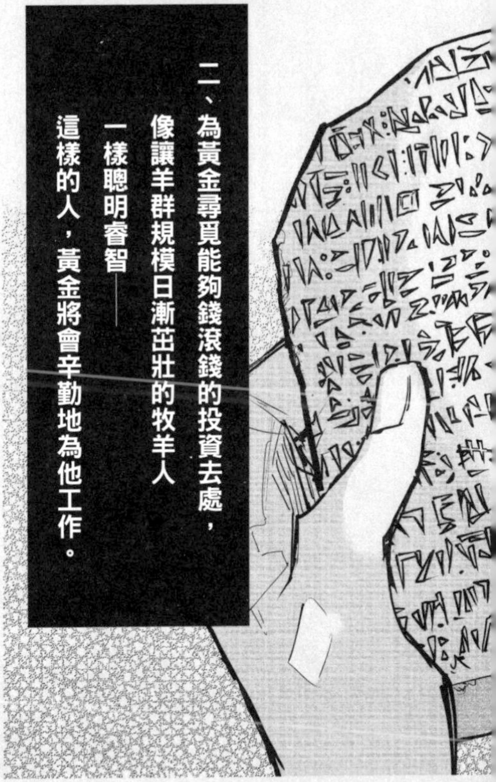
二、為黃金尋覓能夠錢滾錢的投資去處，
像讓羊群規模日漸茁壯的牧羊人
一樣聰明睿智——
這樣的人，黃金將會辛勤地為他工作。

這些企業為了盡量提供便宜又方便的服務給我們，用賺取的利益投資其他領域，企圖打造一個更方便的社會。（Amazon的企業理念為——「地球上最重視顧客的企業」）

除此之外，它們不問人種、年齡或宗教，從世界各地網羅頂尖人才；發包給以純勞力工作為大宗且工資低廉的地區；盡可能用機械取代人力作業。而這樣的結果，卻導致中產階級的人們因為失去工作而淪為下層階級。

換句話說，如果這些貪婪的（Greedy）跨國企業繼續為我們提供便宜又方便的服務的話，**企業家與勞工之間的差距將會越來越大**。

為了阻止情況繼續惡化，唐納．川普（Donald Trump）當選美國總統以後，大肆宣揚保護主義，推行有利於美國的政策。他以自己國家的利益為第一優先，試圖截斷全球化的趨勢。

然而，人類原本就無法擺脫對「便宜」和「便利」的渴望。

如果因為覺得沒有網路的時代比較好而廢除網路，整個社會將會因此陷入停擺。既然人類的大腦會不由自主地追求方便又便宜的東西，那麼我們便無法走回頭路。

往後，我們應該還是不能避免國與國之間的界線逐漸消失，工作單純化，並且慢慢被機器或人工智慧取代，導致人類的工作越來越少的情況繼續發生吧。

事實上，即使在現在這個當下，世界的貧富差距依然持續在擴大。根據非政府組織樂施會（Oxford Committee for Famine Relief，簡稱Oxfam）在二〇一七年提出的報告，**世界上最富有的前八個人所擁有的資產，幾乎等於在世界人口中經濟條件較差**，從後面數來約三十六億人的資產總和（圖1）。

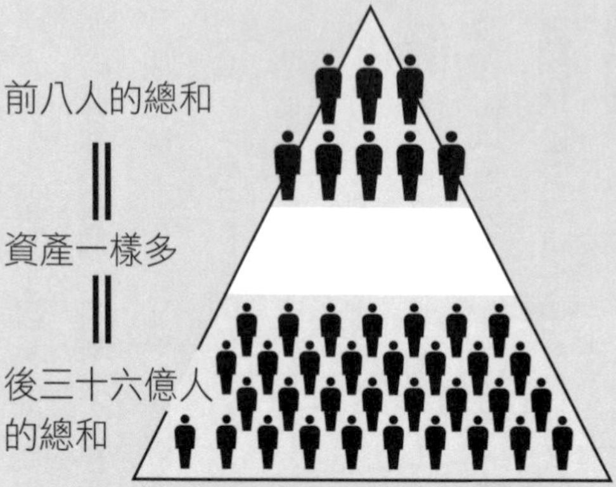

（圖1）貧富差距兩極化和階級構造

一本討論前述的Google和Amazon等跨國企業的著作《四騎士主宰的未來》（the four GAFA，台灣天下雜誌）裡面有一段話：

「對超優秀的人來說，現在是最美好的時代；但是對平凡人來說，卻是最糟糕的。」

既然如此，我們這些不像Amazon的傑夫．貝佐斯（Jeff Bezos）或Facebook的馬克．祖克柏一樣天資聰穎的市井小民，難道就逃不過被資本家們榨取財富的命運嗎？

答案似乎是否定的。

因為現代有一種簡單的方法可以讓任何人都能成為資本家，那就是投資那些才能出眾又貪得無厭的人。請接著參考P.318。

第五章

城牆

擁有「必須守護的事物」，無論失敗幾次，都能東山再起

……
待在這裡也是閒閒沒事做。
別抱怨了……這不是很好嗎？代表國家很和平啊。
但是缺乏刺激啊……
適度的刺激會為人帶來動力。

……刺激嗎？
要是有哪個國家的大軍打過來，應該會成為刺激吧。
若真是這樣，第一個逃跑的八成就是你。
喂！你看！
嗯？
……不會吧！
噠噠噠
噠
噔
噔

ドドドドドドドド
（噠噠噠噠噠噠）
真……真的假的！

一語成讖了……！
得趕快通知城牆那邊的同伴！
噠噠
嗖！！
嗖
柱子被……！
重擊
哇啊——！
!?

真是不堪一擊啊，巴比倫尼亞……。
噔
噔
唔……。
噫……！
你是什麼人！來做什麼的！
巴比倫的城牆
才不會被你們這些傢伙給……
突破……
擊碎
緩緩滴落
我們自有突破城牆的妙計。

我們是亞述人，
是來搶走你們的國家的。

哇啊啊
哇啊啊
迎擊——！
殺啊啊啊
啊啊
大家放心！只要有這座城牆，
那些傢伙根本碰不到我們一根寒毛！
用弓箭和標槍攻擊他們的軍隊！

碰砰
……真硬！
達多大人！
如您所見，城牆阻擋了我方的攻勢！
我看也知道。
那麼……！
沒事。
我已經安排好了。

亞述軍攻過來了？
巴比倫尼亞王宮
我方似乎也有多名士兵負傷！
賭上巴比倫尼亞的尊嚴擊退他們！
告訴城裡的百姓不用驚慌，像平常一樣過日子就好。
是！
請問該如何安排尚未出動的軍隊？
阿卡德，你認為呢？
巴比倫尼亞國王
讓他們待命。
阿卡德！
你在說什麼傻話！
應該趁現在派他們到牆外擊退敵軍吧！
不……
不行，讓他們準備對付進到牆內的敵軍。
為什麼！阿卡德，你瘋了嗎！
站起

應該投入所有兵力殲滅敵人！
豈能有所保留！
馬爾巴！
阿卡德的判斷有失誤過嗎？
……！
他是撐起這個國家的男人。
相信阿卡德吧！
……
……這明明是向鄰近諸國展現我國實力的
大好機會啊……！
能夠越過那座高牆的，
哼！
只有老鷹……或鼴鼠而已了吧！

開裂
冒出
喝！
大概有三十個人進來了吧？
爬出
挖地道進城的作戰計畫姑且算是成功了吧。

接下來……
我們的目標是城門。
噫！
哇哇
女人嗎……。
是、是誰！

從該地往西約一公里處
下馬
亮出

嘩啦
鏘鏘
……很好！
……！
哇啊啊啊啊
那邊戰況激烈……我們是不是應該過去支援……？
不要……我才不想過去……！

我們只是哨兵吧！
總之先等上面的指示……
砍
揮
滾落
驚嚇
杜、杜爾巴克……！
倒地…
你……你是什麼人……！

咚咚
沙
目標是城牆……。
只要進到牆內，打開大門，
門
現在地
他們堅固的城牆便形同虛設。

陛下！
!?
何事？我們正在開會！
向您稟報……！
就在剛才，
有少數敵軍……
侵入牆內了！
!?
派待命的軍隊過去！
揮手
是！

似乎真的有老鷹和鼴鼠呢……。
……怎麼可能！
可是……他剛才說城牆被攻破了？
他們到底是怎麼辦到的？
……您早就預料到城牆會失守嗎？
不。
我預測「城牆不會失守」。
……只有少數敵軍侵入城內就證明——
那些傢伙無法正面突破城牆！

對方能採取的手段有限。
接下來
只需要冷靜應對。
切勿操之過急。
是……。
地點呢？
站起
在大門往西五公里處……。
怎麼了嗎？

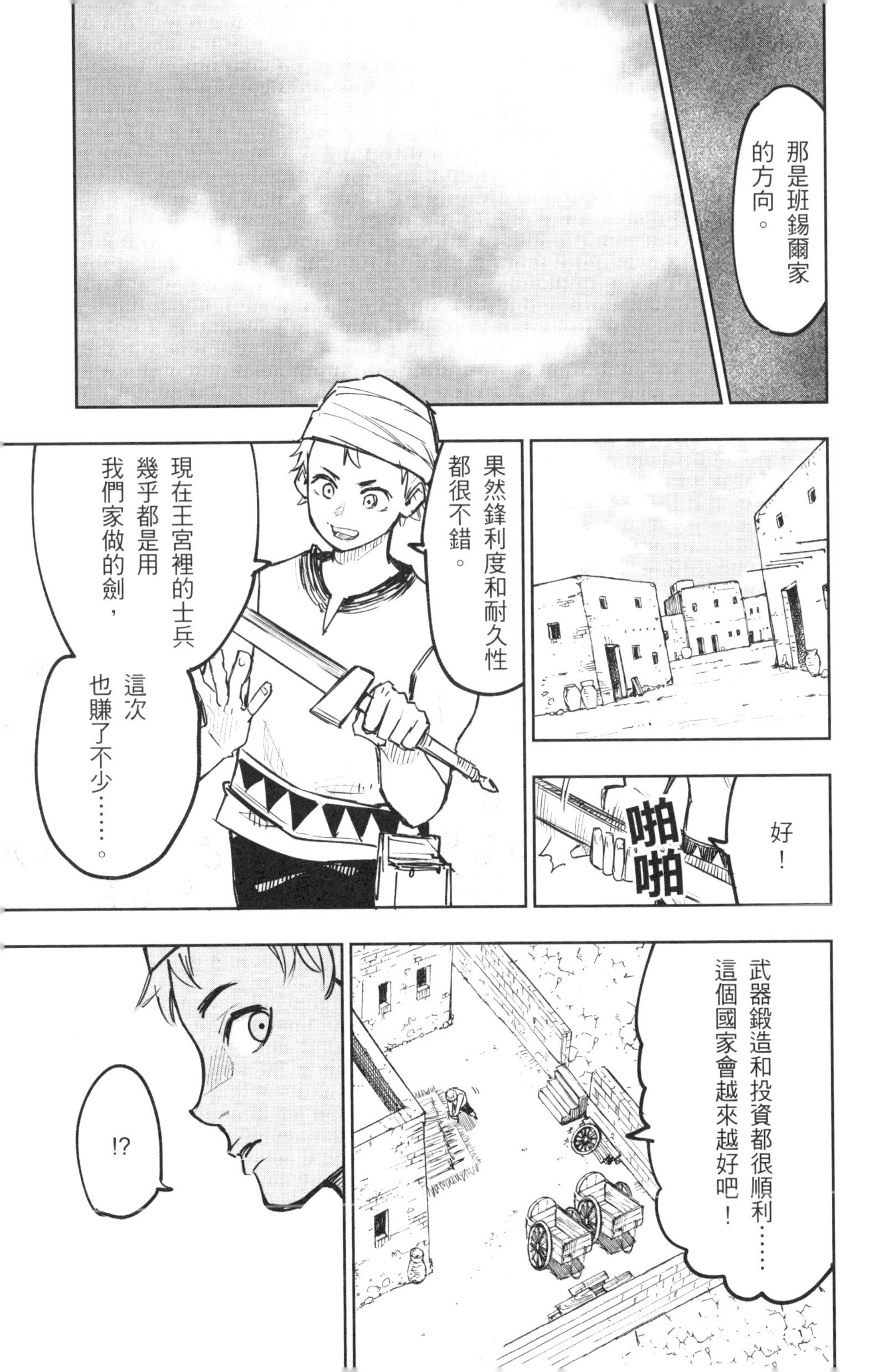
那是班錫爾家的方向。
果然鋒利度和耐久性都很不錯。
現在王宮裡的士兵幾乎都是用我們家做的劍，
這次也賺了不少……。
好！
啪啪
武器鍛造和投資都很順利……這個國家會越來越好吧！
!?

……怎麼了？
哇啊啊
快逃啊，班錫爾！
噠噠
爸……媽？
敵軍攻進來了！
！
別管劍了！動作快！
……！
我們先去廣場了！
知道了！

不要啊——！
！
頭
回
！
什……

敵人……？
和一個女生……！
爸……媽……。
……！
疾奔

老公……班錫爾沒跟上來！
妳說什麼！
阻擋
!?
此路不通喔……。
雖然我的任務是殺光所有人……
要不要我用一千枚金幣放過你們呀……？
賊笑…
如果付不出過路費的話，
就去死吧！
揮劍

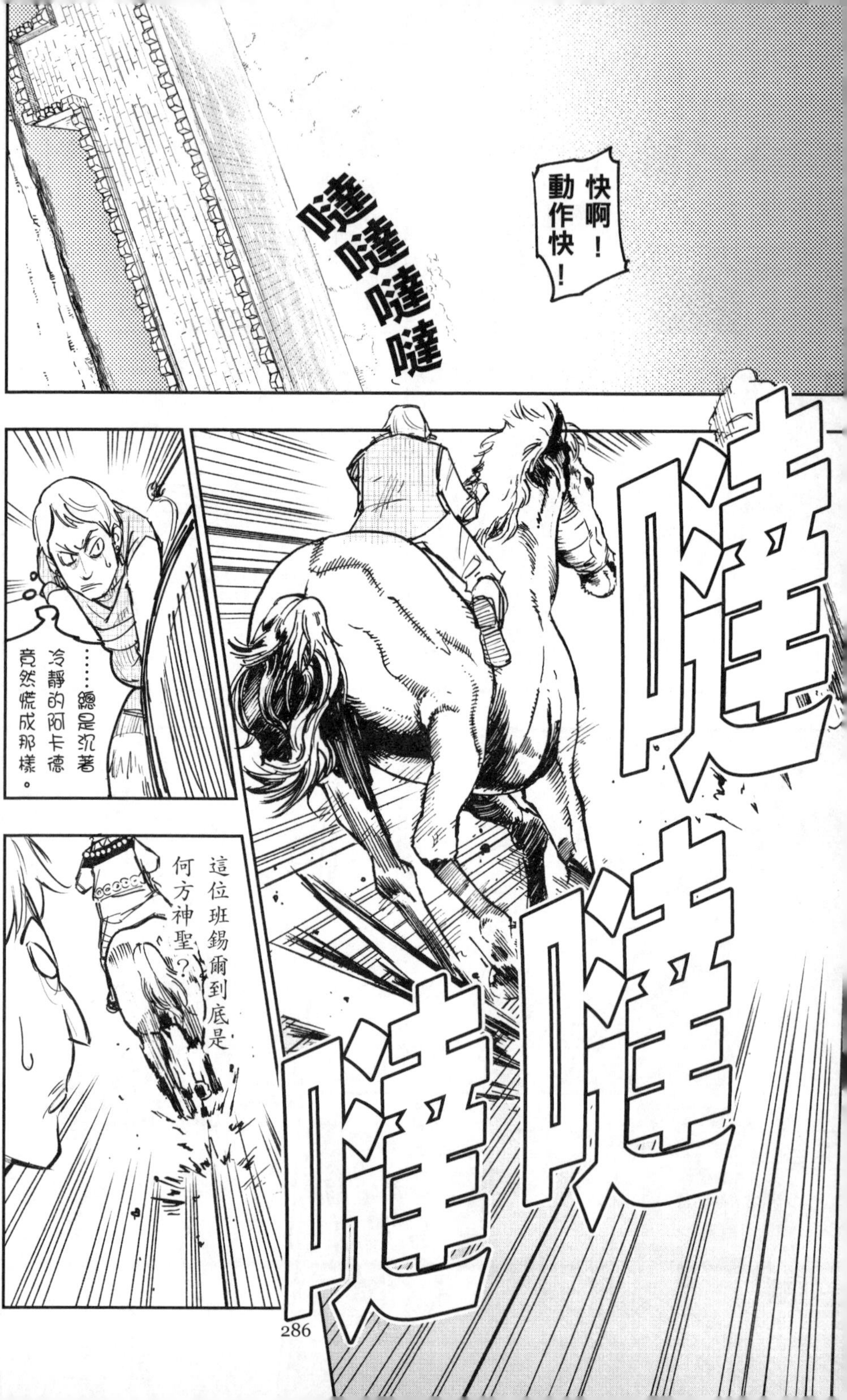
快啊！動作快！
噠噠噠噠
噠噠噠
……總是沉著冷靜的阿卡德竟然慌成那樣。
這位班錫爾到底是何方神聖？

快馬加鞭
……
噠噠噠
駕
啊
那片雲
噠噠
還真是
不吉利啊……。

……救命啊……！
哈哈哈！妳放心，
敲碎頭蓋骨只是一眨眼的事！
呀——！
和巴比倫尼亞一起
去死吧！

（匡噹！）
你是什麼東西！
！
我叫班錫爾……
是被巴比倫富翁認可的男人！
……？
……？

為什麼要攻打巴比倫尼亞……？
那還用問！當然是為了把巴比倫的金銀財寶
通通占為己有啊！
跳開
……你可能還不曉得這個道理。
啊
唰
「即使得到金幣……如果不能使它增加，那就跟身無分文沒有兩樣」！
!?你在說什麼蠢話？
真正重要的不是金錢，而是可以，創造金錢的「智慧」。
……

我知道你是敵人，
但我還是要勸你一句——
舉劍
成為巴比倫尼亞的從屬國吧！
哇——
哇——
哇——
呀——！
……
哇——
哇——
你這小鬼……是在……
瞧不起我嗎！
噠噠

踹
碰！
飛
咚
咚
咚
磅
磅
咻
我是武器工匠，
論舞刀弄劍……
緊握

靜
!?
止
這傢伙的劍……！
初速快得詭異！是因為輕嗎？
到底是怎樣的鍛刀工法？
唔……！
劍指鼻尖
我沒有瞧不起你。
!

我會教你巴比倫的〈黃金法則〉！
這樣的話，你們也能……
變得很富有！
黃金……法則？
對！
創造財富的簡單方法……
只要有它，國家就能繁榮，戰爭也會消停……！
舉起…

……要是真有那種方法，我們可能也不用向你們開戰了吧。
……
你們不學怎麼釣魚，
只想著要搶走別人的魚……
這樣你們永遠無法滿足，
人類的欲望是沒有止盡的。
……
也許真的就像你說的，
我們亞述帝國或許還有一些不足之處……。
不過，只有一句話，我一定要告訴你。
嚇
連自己都保護不好的傢伙，
我可沒什麼好跟他學的！

什麼……！
刷！！

唰

狠瞪

阿……
卡德……！

踏穩
唔呃呃呃呃呃呃呃呃呃呃！
抵住

揮劍
他、他……
他一劍就把
隊長和副隊長
給……！
齊聲
倒地
怎、怎麼會
……！

阿卡德！
噠
噠
暈眩

倒
下
嗚⋯⋯
阿卡德⋯⋯⋯！
⋯⋯！

你、
你沒事吧！
血流　不止
是蠍子毒嗎……
出血停不下來……
阿卡德！
……班錫爾，
你聽好……
我……
就快死了。

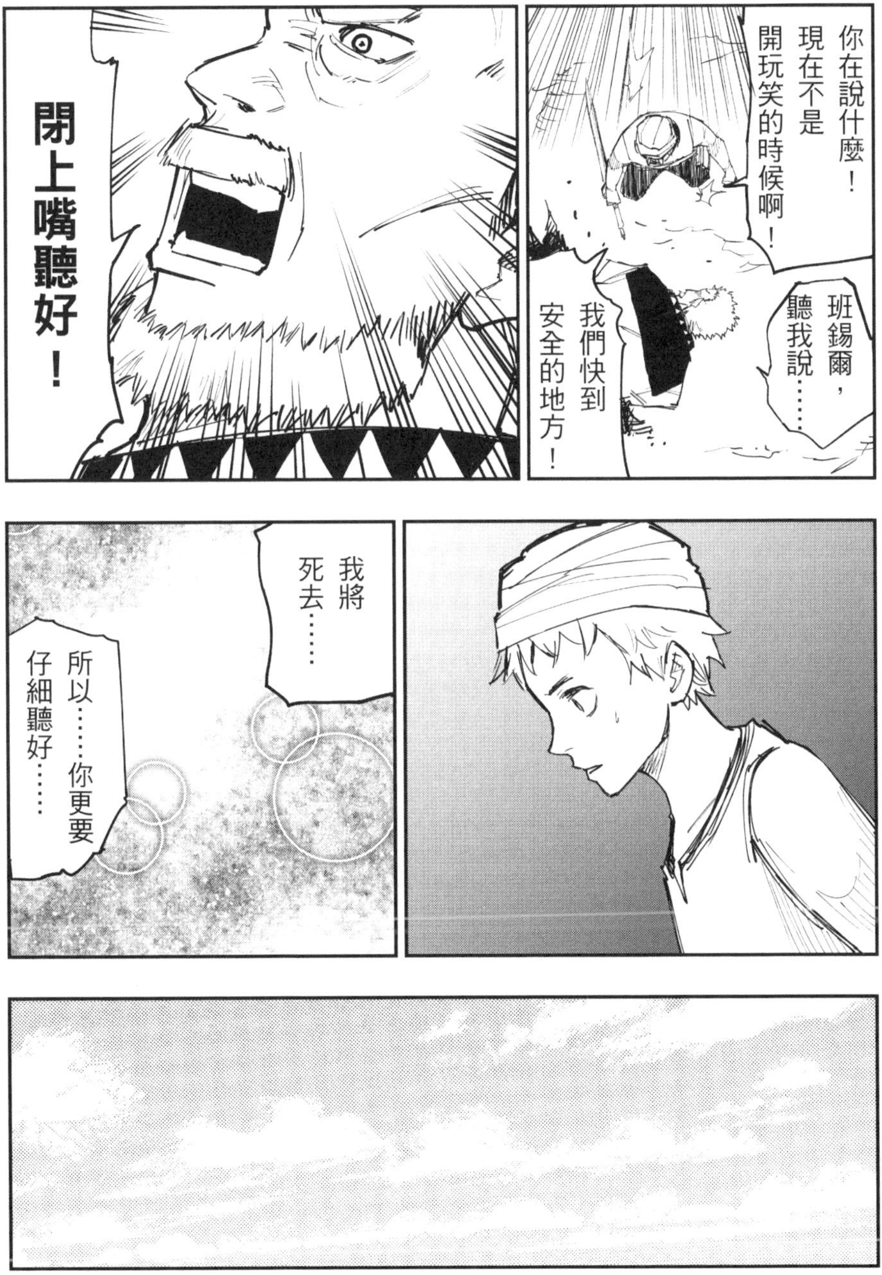
你在說什麼！
現在不是開玩笑的時候啊！
班錫爾，聽我說……
我們快到安全的地方！
閉上嘴聽好！
我將死去……
所以……你更要仔細聽好……

我教你的最後一件事……。
「成為擁有必須守護事物的……堅固城牆吧！」
啊！

……
那是什麼意思……？
很久以前，在巴比倫建城之初，
城牆薄得不堪一擊。
但不知何時，它成了一道堅如磐石的牆壁。
為什麼？
班錫爾，你應該知道答案吧？
因為城牆守護的不只是國家本身，
還有「居民的精神」！

「城牆會保護我和家人。」
「城牆讓我能安心工作。」
為了鞏固城牆，
居民們在支付稅金時不遺餘力。
人類會珍惜並支持守護自己的事物。
你想像一下就知道，
為了可靠的「朋友」、親愛的「伴侶」和值得信賴的「家人」，沒有人會吝於花費一枚銀幣。
擁有一個「想要守護的事物」，
那將成為督促自己不斷成長的
基石！

當然，要奠定這塊基石可能不是一件容易的事。
不過，就像一撮小火苗終將成為燎原之火，必須守護的朋友、伴侶以及應當珍愛的家人，
他們都會讓你越來越強大。
這或許要花上五年……甚至是十年慢慢累積……。
但是……
只要有它……
只要有它……？

無論多少次，

人類都能起身再戰！

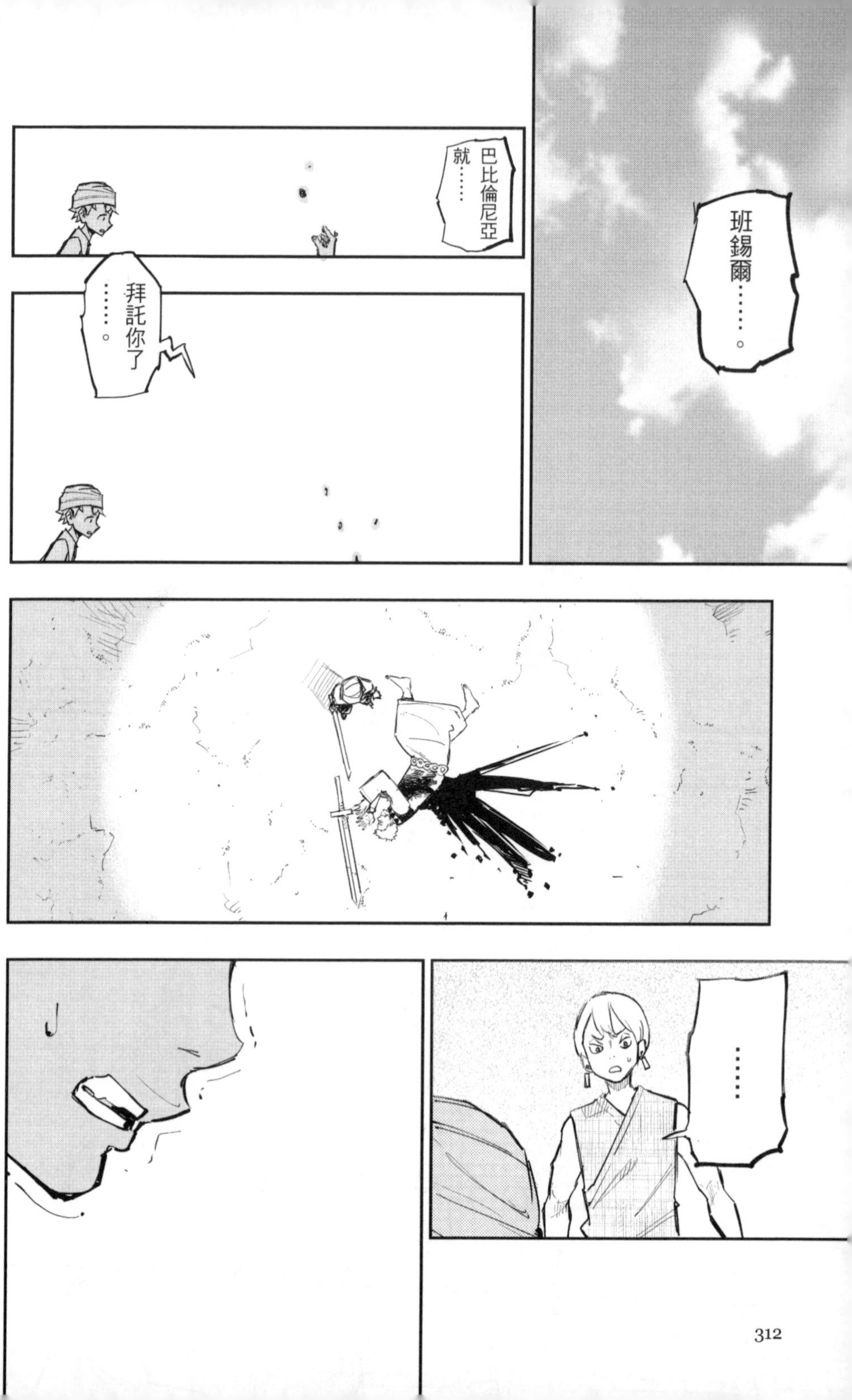
班錫爾……。
巴比倫尼亞就……
拜託你了……。
……

阿卡德————————!
（哦哦哦哦哦哦）

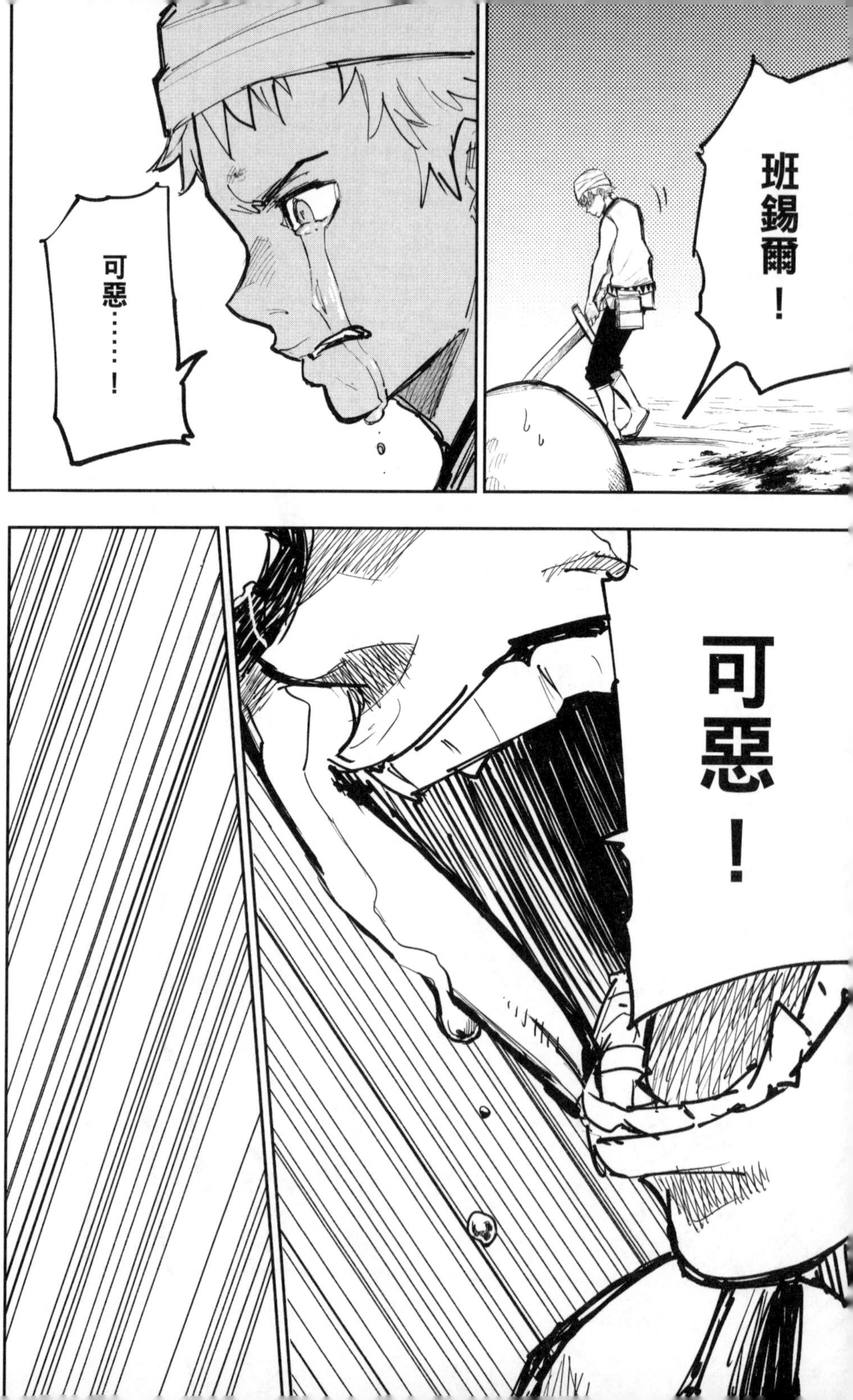
班錫爾！
可惡……！
可惡！

在殲滅牆內的敵軍，
解除破門危機之後，
（哇啊啊啊啊啊啊）

亞述軍的攻勢依然持續了三個星期——。城牆內的通道因為沾滿傷患的血而寸步難行。
已經是開戰後三週又第五天的清晨了。
當巴比倫尼亞的士兵看見敵軍在瀰漫的硝煙中撤退的身影，

在朦朧的意識中，班錫爾聽見士兵和百姓們揚起歡聲。
他慢慢才意會過來，這些聲音代表什麼意思——
「我們脫離了被侵略的險境。」
巴比倫尼亞獲勝了。

4 「長期持有、分批買入」的致富之道

那麼，具體來說，我們應該投資什麼呢？

本書要推薦給大家的聰明投資方案，是**「外國指數型基金」的長期投資**。

（推薦特定金融商品或許會讓大家心生疑慮，但請於閱讀完本專題後再自行判斷是否投資。）

首先，為什麼在眾多投資選項當中，不選「外匯」、「不動產」或「黃金」，而是選擇「股票」呢？

股票這種東西簡單來說，就是一間公司的其中一部分——如果取得所有股票，這間公司就會變成你的；就算只

拿到一股，你也擁有這間公司的一小部分。

而為了提升公司的獲利，經營者和員工付出日積月累的努力，而這些努力有可能會讓公司的股價成長好幾倍。

另一方面，不動產、外匯和黃金的價格主要取決於供需平衡。雖然一定也有其他因素，不過當想購買「黃金」的人變多，價格便會上漲；而如果發生「黃金」開採量增加等等的情況，供給量增加，黃金的價格便隨之下跌。

希望大家能先了解，「股票」的性質與外匯或黃金交易截然不同，是以成長作為前提的。

避免利益太少
或不太可能
回本的高風險
投資——這就是
這個團隊的作風。

話雖如此，大家應該還是會擔心，萬一在買了股票之後，那間公司卻倒閉了，或是發生像雷曼兄弟事件*那樣的意外該怎麼辦吧？

對此，**建議大家在購買股票時進行分散投資**。

在日本，即使是時價總額最高的豐田汽車，也不能保證在電動車和自動駕駛開始發展以後會出現什麼變數。無論是多大的公司，在這個瞬息萬變的時代，集中購買同一間公司的股票稱不上是一個穩健的作法。

＊二〇〇八年，雷曼兄弟（Lehman Brothers Holdings Inc）宣告破產，成為引發金融海嘯的原因之一。

※此圖以一九八九年的指數為「100」，顯示含息總收益指數之推移。
出處：樂天證券經濟研究所

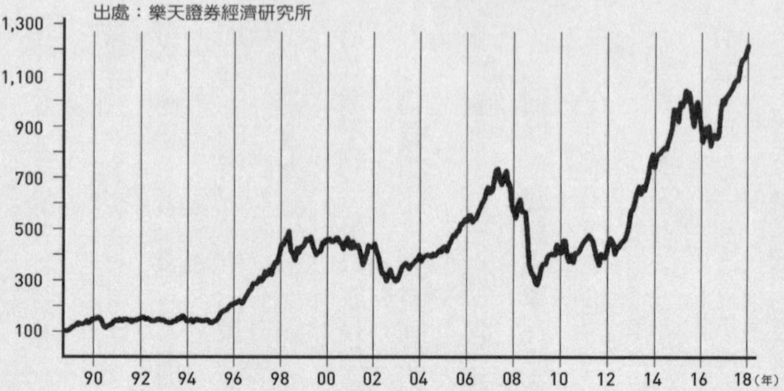

（圖2）MSCI世界指數的推移〈單位：日圓〉

所以筆者認為，應該盡量分散投資多家優良企業，即使其中幾家的股價有可能下跌，但從整體來看應該還是上漲的吧。

事實上，隨著世界經濟不斷成長，全球整體的股價也跟著持續上揚。雖然在發生雷曼兄弟事件的二〇〇八年一度暴跌，不過現在國內外的股價都已經遠遠超越了事發前的價格。

因此我們可以認為，如果能盡可能對多家優良企業、對世界經濟整體進行投資的話，即使股價可能會在某個時期（因為發生像雷曼兄弟事件那樣的意外）大幅下跌，經過二、三十年之後，資產應該還是會像（圖2）的圖表一樣越來越多。

那麼，不是資本家也不是億萬富翁的我們，真的有辦法對世界經濟整體進行投資嗎？請接著參考P.388。

第六章

昔日為奴的男子

你的靈魂屬於「奴隸」，還是「自由人」？

——五個月後

等、等等……！
我承認自己的確殺了巴比倫尼亞人，可是，你們應該會饒我一命，對吧……？
哇啊啊啊啊啊——！
手起刀落

咕嚕嚕嚕嚕嚕嚕
咕嚕嚕嚕嚕嚕嚕

肚子好餓……。
頹然~…

議論
聽說大門附近的修繕工作很辛苦。
因為被砸得面目全非了吧？
紛紛
我聽親戚說，有好幾百個敵人挖地道入侵城牆內。
好像是王宮的士兵迅速趕到，挽救戰況。
阿卡德大人……可惜了一個人才啊……。
傻瓜！損失的人命可是他的好幾百倍呢！
躲躲藏藏

啊……班錫爾！
驚嚇
你家很辛苦吧？
……那、
你父母……
拔腿就跑
那是班錫爾嗎……？
聽說他的雙親都因為捲入戰爭過世了……。
是嗎？所以才……。
……
步履
蹣跚

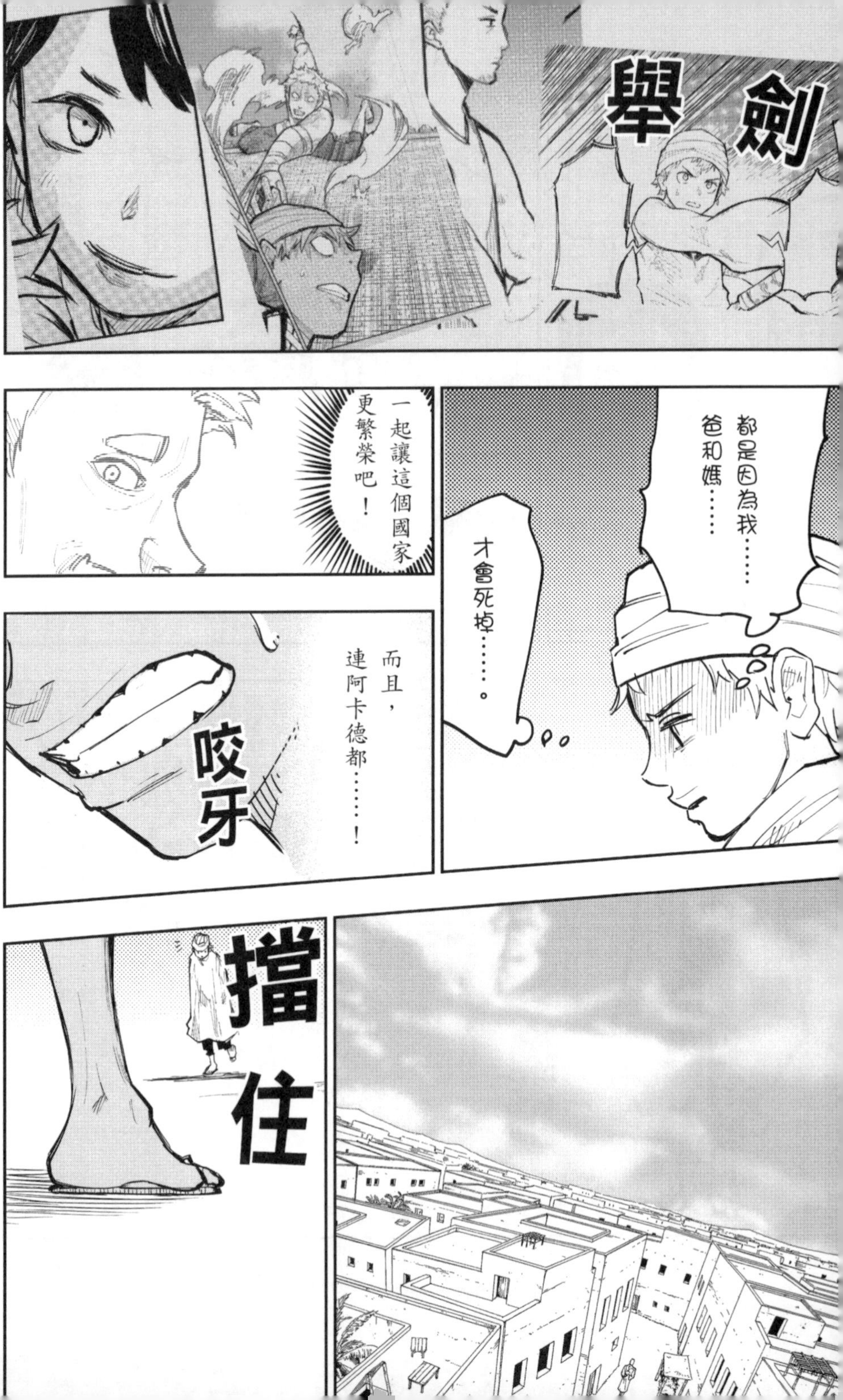
舉劍
都是因為我……
爸和媽……
才會死掉……。
一起讓這個國家
更繁榮吧！
而且，
連阿卡德都……！
咬牙
擋住

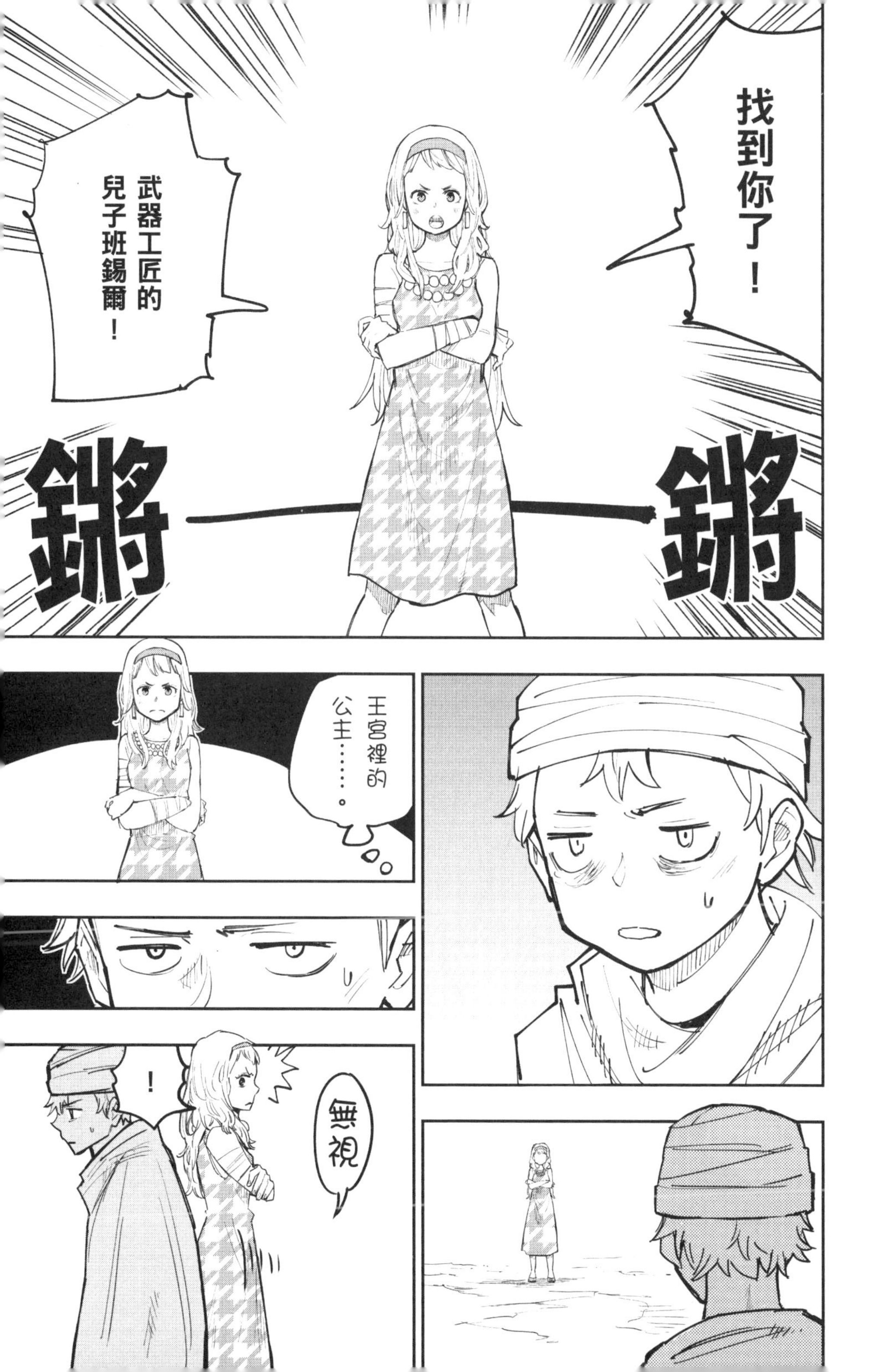
找到你了！
武器工匠的兒子班錫爾！
鏘
鏘
王宮裡的公主……。
!
無視

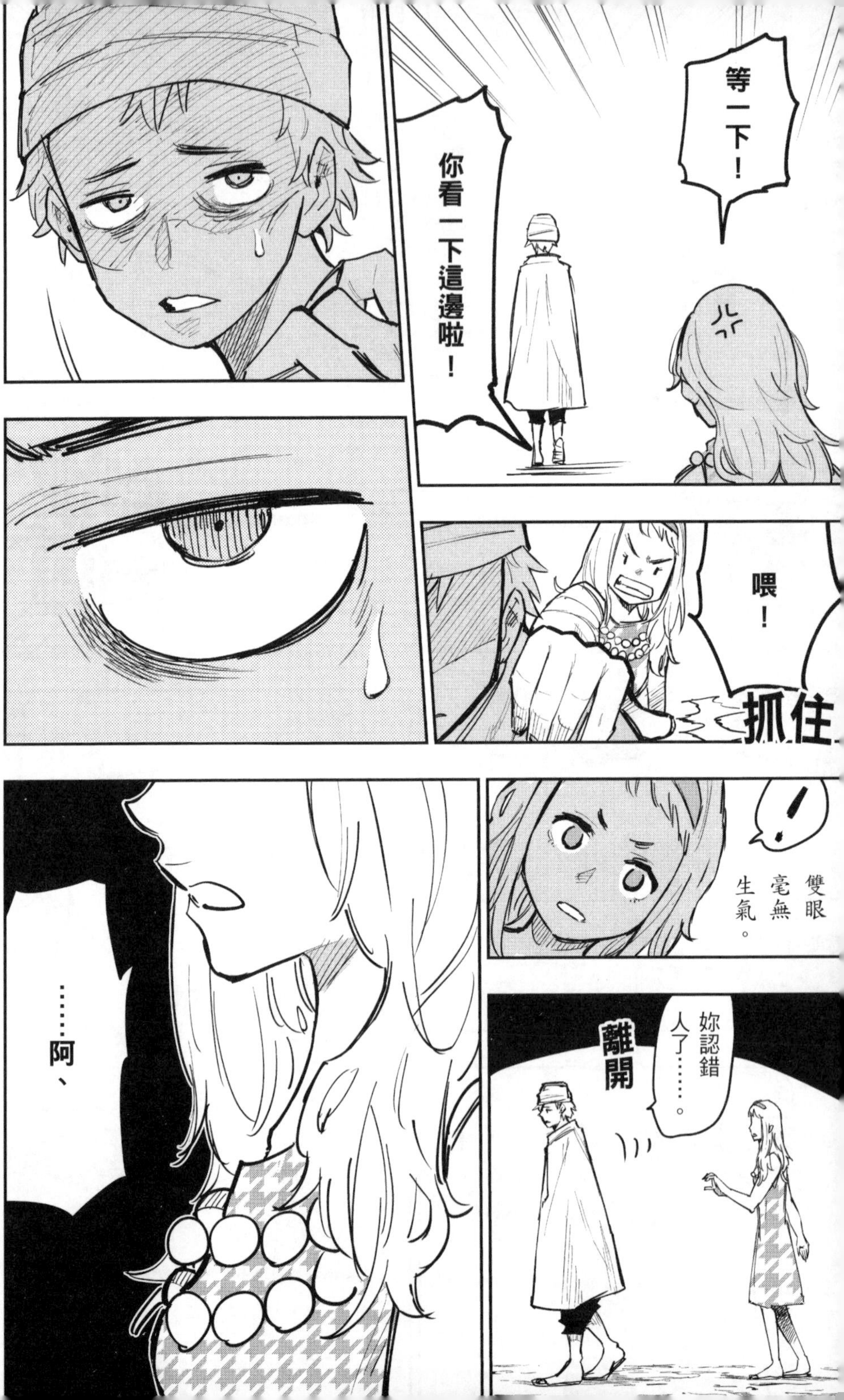

等一下！
你看一下這邊啦！
喂！
抓住
！
雙眼毫無生氣。
……阿、
妳認錯人了……。
離開

阿卡德不是很欣賞你嗎！
！
……我聽說，阿卡德把志業託付給你了吧？
……
阿卡德曾經跟我
說過你的事……。
班錫爾……他將成為撐起這個國家的大富翁。
……班錫爾？在走廊上撞到我的那個人？
！……
是旁邊那位短髮少年。
…？

那隻瘦皮猴嗎？他一定撐不住的啦！
微笑…
真正的強悍在於內心，
這是後天培養的。
你是巴比倫的下一個富翁！
要是不振作一點，我會很困擾！
……
……
請妳找別人吧……我……
我已經……
只是一介貧民了。

……
跑走
沒用的傢伙！

班錫爾，你真的要離開嗎？
因為我的關係，阿卡德和……
雙親都被殺了……。
我沒有資格……
當阿卡德的繼承人。
躲躲藏藏
磕絆
！
摔倒
悄聲
那個乞丐是誰啊？
噓！不要用手指人家。
！…

交頭接耳
那是班錫爾……
他不是一無所有了嗎？
小聲議論
變得像個流浪漢一樣。
當窮人一定很辛苦吧……。
……
竊竊私語
啊，他站起來了。
看他走路搖搖晃晃的。
哈哈哈！

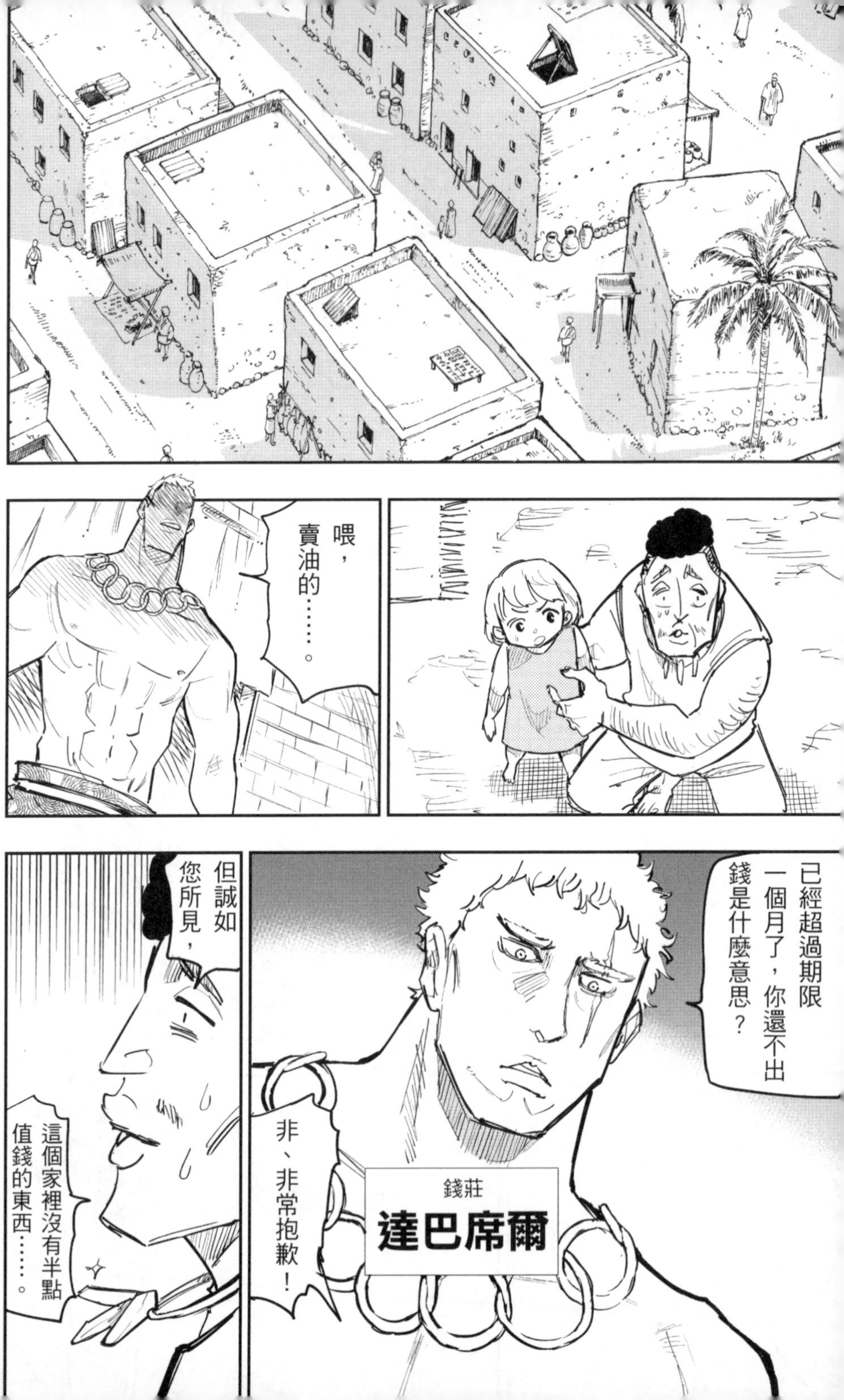
喂，賣油的……。
已經超過期限一個月了，你還不出錢是什麼意思？
錢莊
達巴席爾
非、非常抱歉！
但誠如您所見，
這個家裡沒有半點值錢的東西……。

爸爸……。
求求您！
就當作是幫幫我們……！
你上個月不也是這麼說的嗎？
拉扯
哇！
……要是再不還錢，
我就把你的小孩……賣給奴隸商人！
還、還請您高抬貴手……！
閃亮…
！……

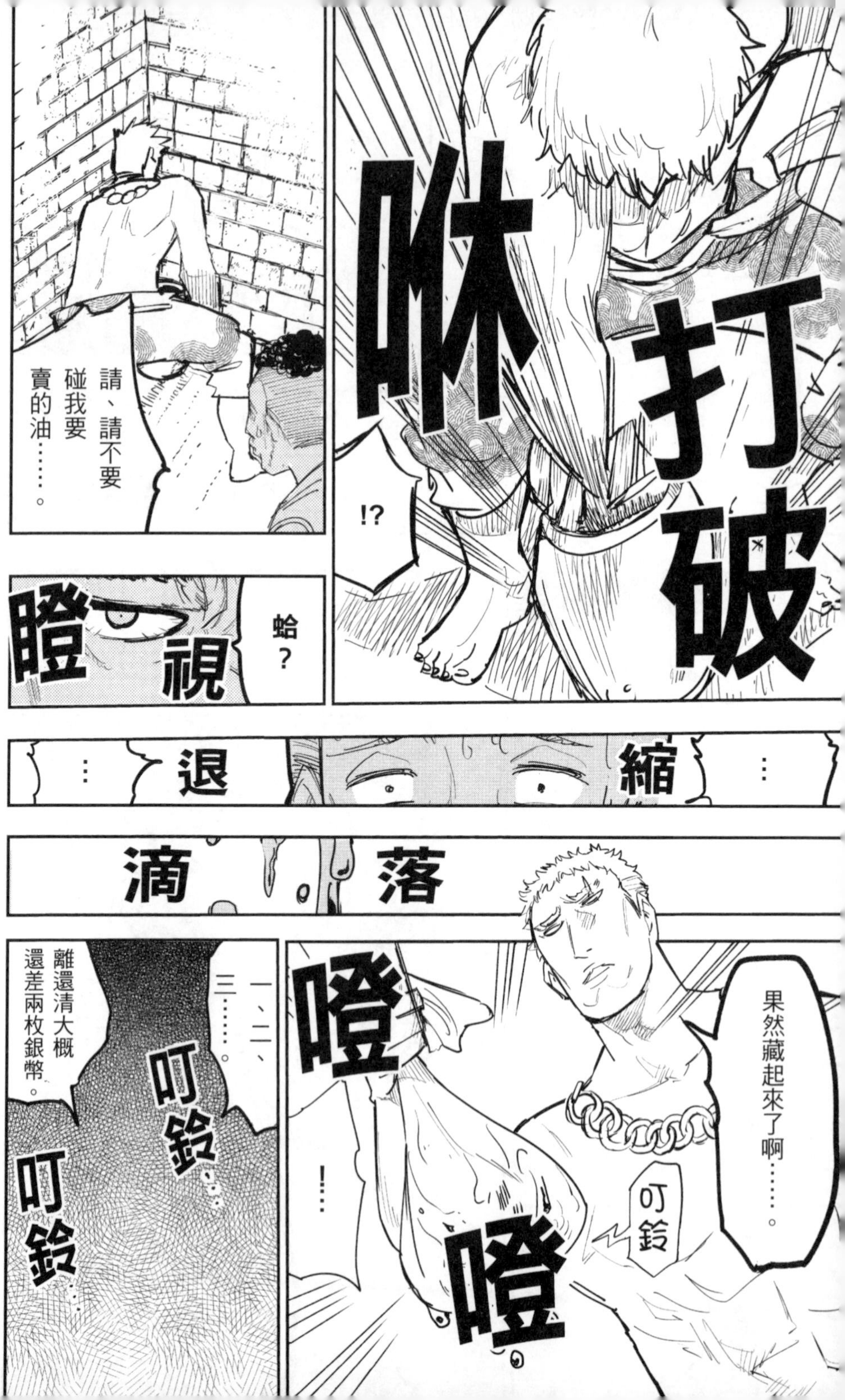

咻
打破
!?
請、請不要碰我要賣的油……。
蛤？
瞪視
縮
…
退
…
滴落
果然藏起來了啊……。
叮鈴
噔
噔
!…
一、二、三……。
離還清大概還差兩枚銀幣。
叮鈴…
叮鈴…

請、請等一下！
只有那些……
只有那些錢！
碰
碎裂…
要是不想讓女兒去當奴隸，
啊！
扯下
就給我認真工作！
呼
呼
……惡魔！
還有沒還錢的人嗎？
！……
那是……
班錫爾！

借你的十枚銀幣和八枚銅幣……怎麼樣了啊？
逼
跟人借了錢還有時間在那邊閒晃嗎？啊!?
近
達、達巴席爾！
搞什麼東西！
踹
趕快工作還錢啊！
狠

……
你聽好，我可不管你是不是戰爭受災戶！
指
要是不還錢，就讓你好看！
……達巴席爾！
反正你靠借錢給人的利息維生……又沒關係！
！
……啊？
我已經……
怎樣都無所謂了。
！
你那是什麼態度？

你打算怎麼還錢？
什麼都不做。
那樣的話，你就只剩當奴隸這條路了。
……
我……
當奴隸就好……。
！

這樣……就好了。
當奴隸的話，什麼都不用思考，只要按照吩咐做事，
就可以賺到一、兩枚銅幣……。
……
你還真有種啊……！
!?

……
……
既然如此，
就讓我來
告訴你……
什麼叫作奴隸！
跟我來。
轉身
？
快一點，
你這個奴隸！

我要用賣你的錢填飽肚子……！
!?
巴比倫餐館
人聲鼎沸
然後我就告訴那個蠢貨……結果……。
喂！達巴席爾來了！
通通閉嘴！
吵鬧
喧譁
耳熱
酒酣

靜默
不能和他對到眼！
吃飯吃飯！
我有跟他借錢……。
咚咚
來啊，
你也過來坐。
……
那不是武器店的兒子…班錫爾嗎？
哦……聽說是阿卡德的繼承人……！
完全看不出來。
……
……
這間店不錯吧？
既安靜……又舒適。

……
老闆！
給我來一份熱騰騰的帶骨肉！
還要……青菜和麵包！
如果給我乾巴巴的那種，我可不放過你！
是、是……！
熱氣
騰騰
鏘—鏘

吞口水
……
一杯清涼的冰水吧！
因為今天很熱嘛！
笑
……我想想，
再給這邊這個人……
跪坐
狼吞
虎嚥
大口咬下

對了，奴隸小鬼，你知道這件事嗎？
我聽一個剛從烏爾法回來的人說……
有一位富翁命人用一種新發現的礦石
打造了一片薄得可以看見另一側的石板。
他把那片石板裝在窗上擋雨。
那片石板是黃色的，很薄。他透過石板望向窗外，
發現外面的景色與現實不同，扭曲成詭異的形狀。
……

不過，小鬼，你不覺得——
就算沒有石板，我們也可以很輕易就看到扭曲的世界嗎？
……
達巴席爾好像在說什麼耶！
……！
你們安靜點……小心被他盯上！
搞不好你的世界還是扭曲的也說不定。
在座之中，有人知道我曾經是敘利亞的奴隸嗎？
！
……？
奴隸……？
交頭
接耳
那個達巴席爾……？
議論

讓我來
告訴你，
什麼是奴隸。
……年輕時，我跟著
身為製鞍工匠的父親學習，
我們做的是駱駝鞍。
我在父親店裡工作的
期間結了婚，
可是因為技術
還不到家，
賺的錢很少，
只能讓老婆過著
勉強溫飽的生活。

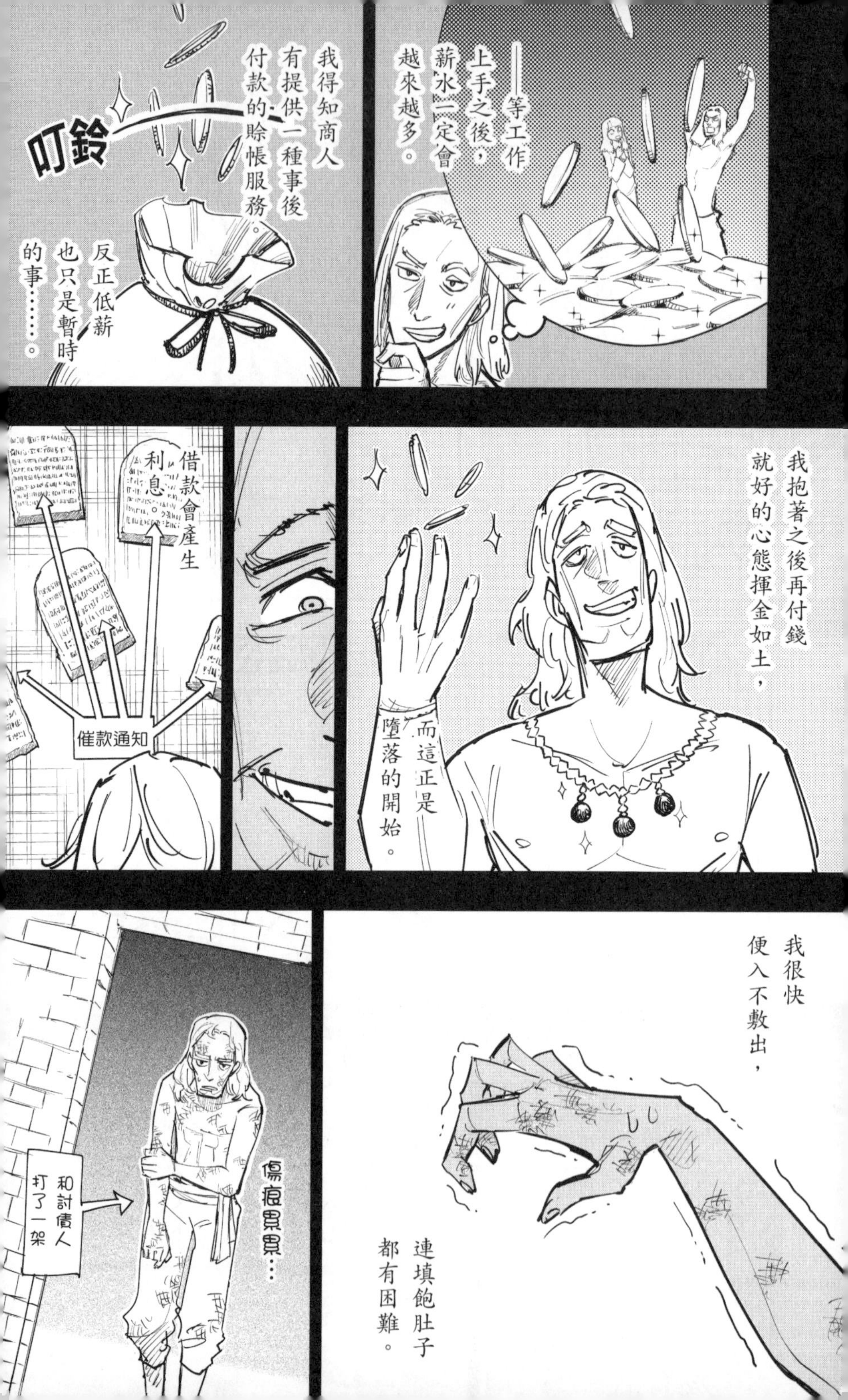
——等工作上手之後，薪水一定會越來越多。
我得知商人有提供一種事後付款的賒帳服務。
叮鈴
反正低薪也只是暫時的事……。
我抱著之後再付錢就好的心態揮金如土，
而這正是墮落的開始。
借款會產生利息。
催款通知
我很快便入不敷出，
連填飽肚子都有困難。
傷痕累累……
和討債人打了一架

在老婆跑回娘家以後，
我決定離開巴比倫尼亞，尋找像我這樣的年輕人也有機會大展鴻圖的城鎮。
我受夠你了
後來有長達兩年的時間，我輾轉跟著各式各樣的商隊工作，
過著只求當天溫飽的生活。

就在那時，我找到了一個賺錢的好方法……
叮咚!!
那就是成為強盜集團的同夥！
「只要能賺錢就好」……
因為當時的我是透過那片黃色透明石板看世界的。
為達目的，不擇手段。
我參與的第一票很成功，
拿到了金幣、絲綢等昂貴的物品。
我賣掉那些東西，極盡奢侈之能事。
金幣…♡
但是，這
計畫不可
成功第二

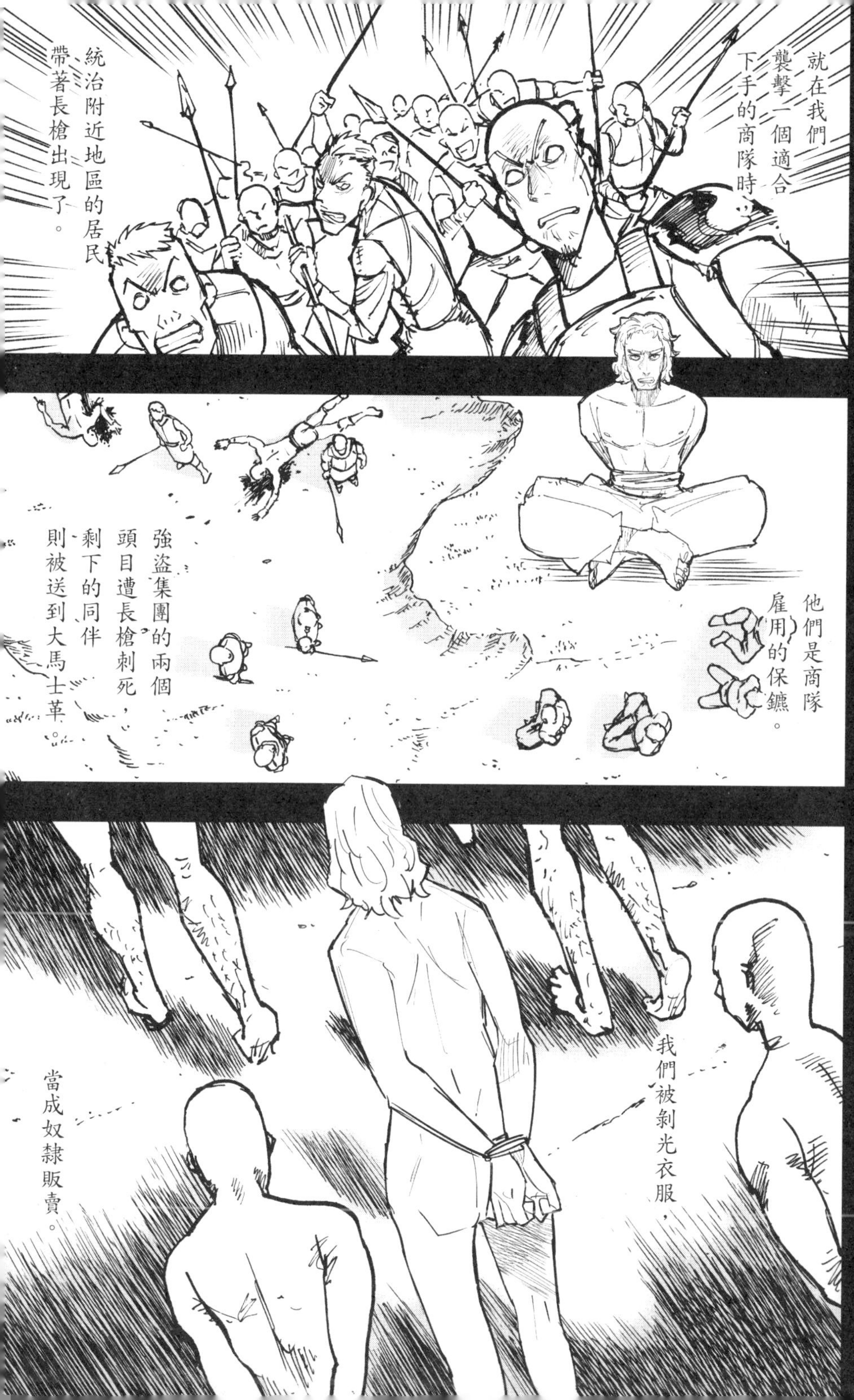
就在我們襲擊一個適合下手的商隊時
統治附近地區的居民帶著長槍出現了。
他們是商隊雇用的保鑣。
強盜集團的兩個頭目遭長槍刺死，剩下的同伴則被送到大馬士革。
我們被剝光衣服，
當成奴隸販賣。

啪答
啪答
這也是個不錯的經驗。
對啊，這種緊張感可不是到處都有！
說得對。

當時，我輕忽了情勢。
來，你們幾個，
挑喜歡的奴隸

老熊龍鍾
作你們的宦官吧。
!?
……宦官是什麼？
就是要割掉老二！
!?
!?
為、為什麼要做那種事？
他們要閹了我們，讓我們變成不男不女的影子為他們工作！

……！
原來……
我們……
被變成奴隸了。

……！
キン
……
冷汗直流
我會怎麼樣……？
官官？
忐忑
不安
沒聽說過這種事啊！
為什麼會變成這樣！
緊張
焦慮
……對啊。
一切都是從我……
借了一筆小錢開始。

我都做了些……
什麼啊……！
我的宦官已經夠了。不過……
會照顧駱駝的人很少，
而且淨是些派不上用場的傢伙。
！
我今天也必須去探望發燒的母親，
然而卻沒有可以放心把駱駝韁繩交給他的奴隸。
這些奴隸當中，有沒有人很會牽駱駝的……老爺，可以請您幫我問問嗎？
晃個不停
喂！那邊的，
你會牽駱駝嗎？
指

……
會！我會！
……
還有……！
我還會讓駱駝跪下！還能把沉重的貨物堆到駱駝身上，
並牽著駱駝走上幾十公里！
而且，如果您有需要，我甚至可以幫忙修理駱駝的裝備！
真是多話的奴隸……。
好吧！席菈，就讓他照顧妳的駱駝吧。

剛才……
……
我只是做了對自己有利的事。
非常感謝您……。
……

就當作是打發時間的娛樂，
告訴我，你之前都過著怎樣的生活？
……其實，我原本是巴比倫人。
……巴比倫嗎？
是的。
雖然現在將就於奴隸的身分……
但真正的我其實是自由人，是巴比倫著名鞍具店的兒子！
真正的你其實是自由人……
……
你真傻。

因為自己的懦弱而墮落為奴的你，竟然好意思說自己是自由人？
你不覺得自己很可笑嗎？
……！
「現在將就於奴隸的身分。」
雖然你這麼說，可是應該是相反吧？
相反……？
你不是變成奴隸之後才將就現況，而是因為將就現況、得過且過，才會變成奴隸的，不是嗎？

如果你擁有自由人的靈魂，不論身處何種環境，
在你的故鄉——巴比倫，應該都會受人敬重吧？

今晚真熱。
奴隸的工作應該都已經告一段落了，
你在那裡做什麼，達巴席爾？
是……我在修理牆壁……。
是嗎？我是來沐浴的。
非常抱歉！我馬上回帳篷！
你是笨蛋嗎？

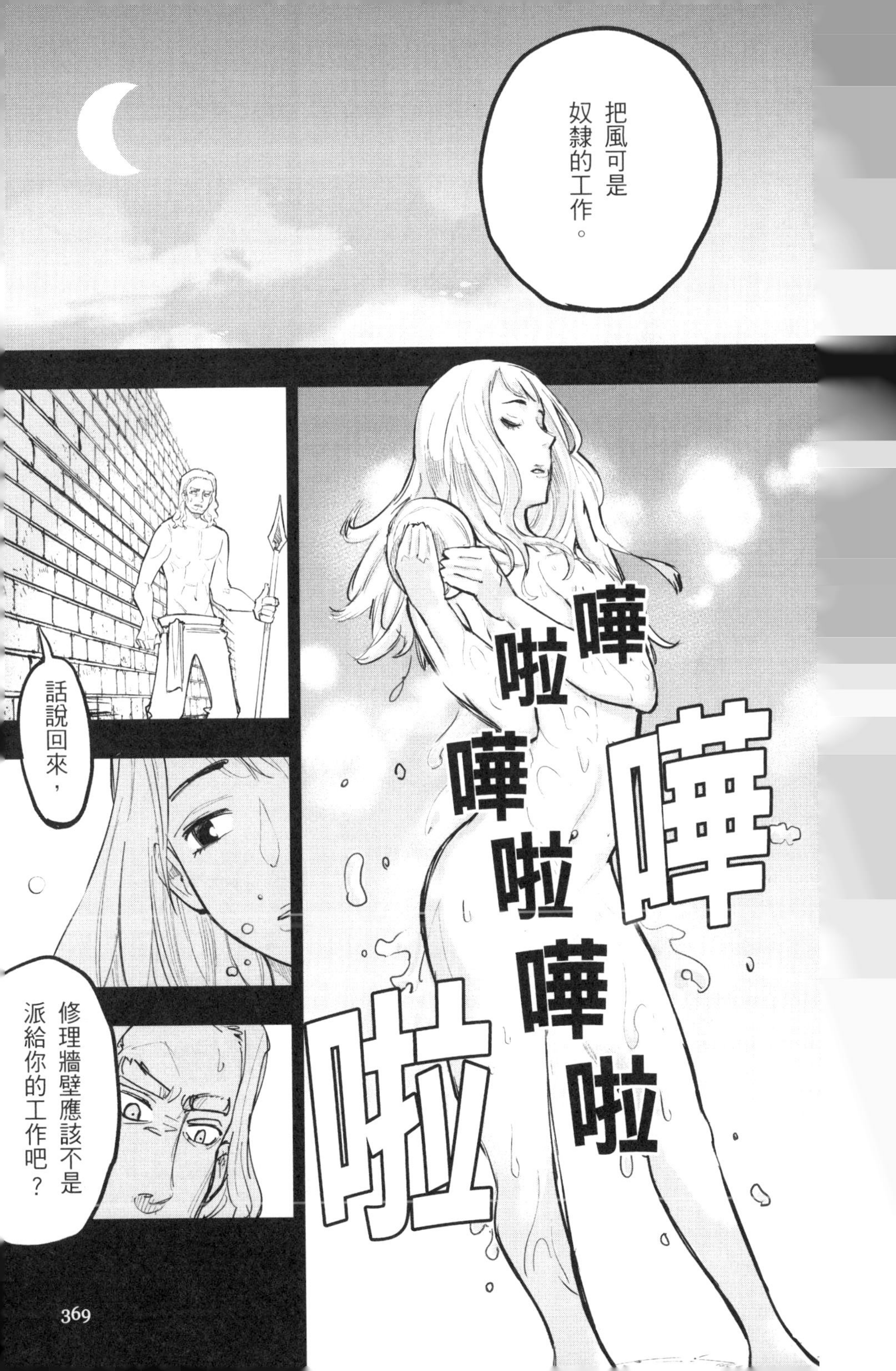
把風可是奴隸的工作。
話說回來，
修理牆壁應該不是派給你的工作吧？
嘩啦嘩啦嘩啦嘩啦
嘩啦嘩啦

我想……盡量多做點事……。
……我認為，如果我有自由人的靈魂，就不該安於現況，
而是應該盡量多做一點工作。
我很在意您以前說過的話。
我擁有自由人的靈魂，還是奴隸的靈魂呢……？
我……
……是嗎？
……
……
……你可能不知道，
聆聽
我也和奴隸沒什麼差別。
!?

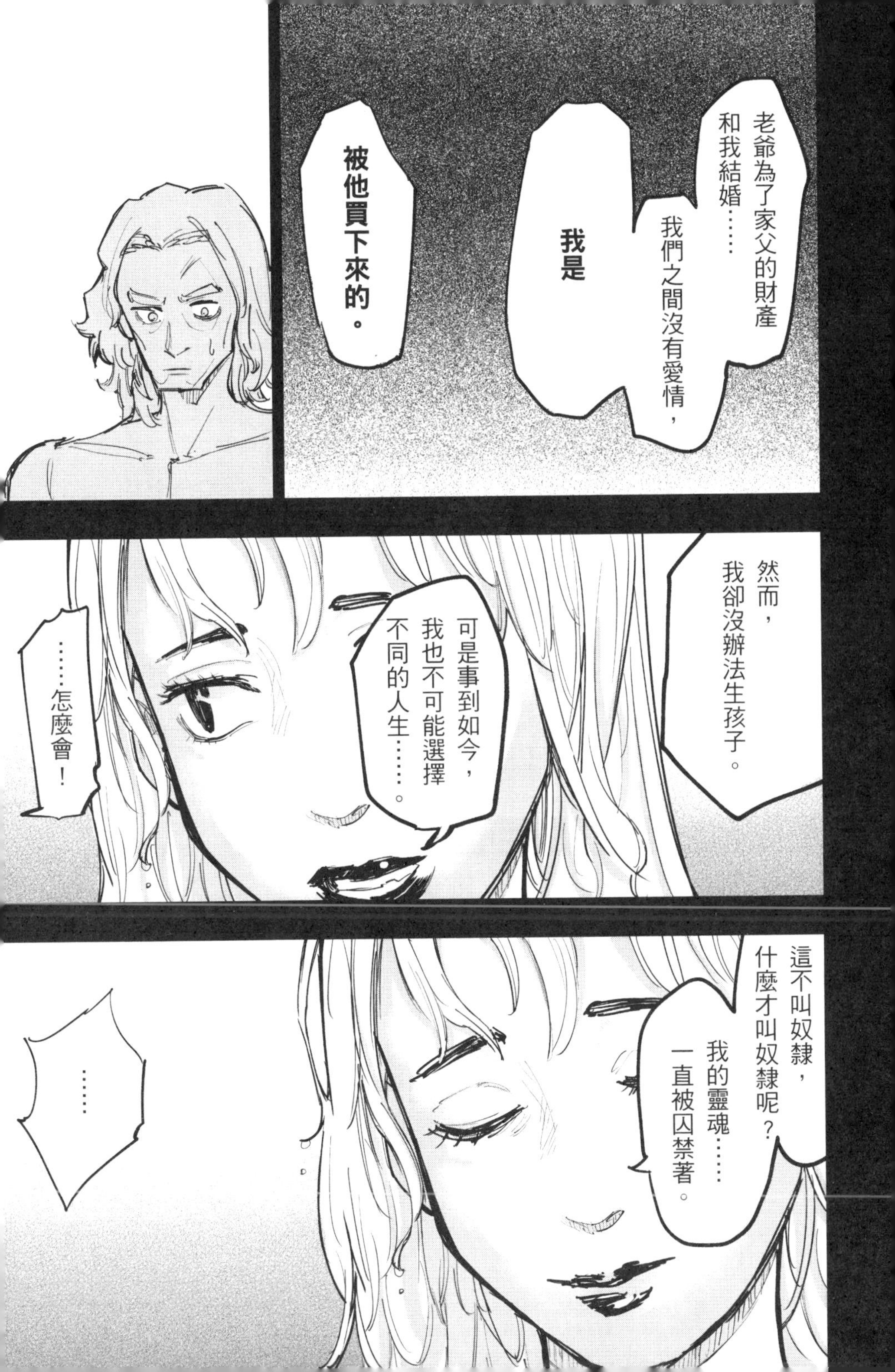
老爺為了家父的財產和我結婚……
我們之間沒有愛情，
我是
被他買下來的。
然而，我卻沒辦法生孩子。
可是事到如今，我也不可能選擇不同的人生……。
……怎麼會！
這不叫奴隸，什麼才叫奴隸呢？
我的靈魂……一直被囚禁著。
……

我……在我心中的靈魂
是屬於奴隸的嗎……？
還是依然留有一點身為自由人的
……
你有負債嗎？
有……
在巴比倫……多到還不清。
你還有打算償還那些債務嗎？
……有的。
但是，
我找不到方法。
債務會讓人回首過往。
總是拘泥於過去的自由人……
實在很滑稽。

你要確認看看嗎？
確認你的靈魂屬於自由人……代替無法離開這裡的我，
用你的一生……證明看看嗎？
我在三天後的新月之夜，
才終於了解那句話的涵義。

達巴席爾。
是！
家母的情況不樂觀。
指
你從老爺家裡挑兩頭駱駝出來，替牠們上鞍。
別忘了準備兩天份的水和食物以應付長途旅程。
遵命！
狂風
呼嘯

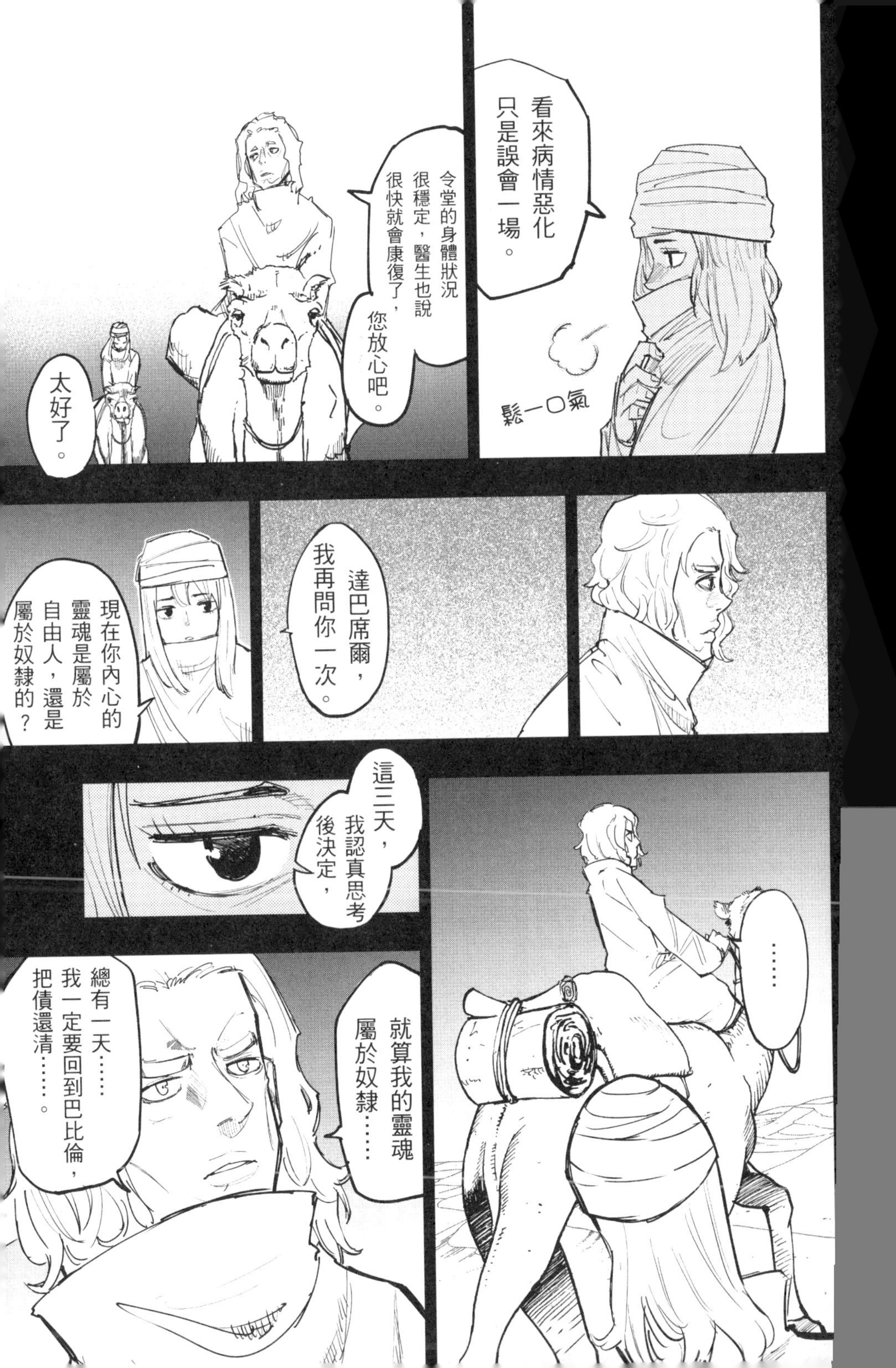
看來病情惡化只是誤會一場。
鬆一口氣
令堂的身體狀況很穩定，醫生也說很快就會康復了，您放心吧。
太好了。
達巴席爾，我再問你一次。
現在你內心的靈魂是屬於自由人，還是屬於奴隸的？
……
這三天，我認真思考後決定，
就算我的靈魂屬於奴隸……
總有一天……我一定要回到巴比倫，把債還清……。

我想好了。
呵……
以下這些話都只是我在自言自語……。
！
從家裡出發時，老爺喝了許多酒，醉得不省人事。
這個袋子裡也裝了老爺的衣服。
！
萬一我的奴隸換上這些衣服喬裝、騎著駱駝逃跑，應該可以成功逃走吧……。
……
席菈夫人……。
達巴席爾。
因為有你幫忙牽駱駝，我才能一直替母親送藥……。

證明給我看吧！
向我證明你是一個自由人！
就在此刻，
噠
噠
我
下定了決心。

想經過這裡，得先付過路費！
喂！那邊的！
如果沒錢，就當我們的奴隸吧！
我的靈魂……
是屬於自由人的！
這傢伙……在說什麼瘋話？
咚咚
殺了他！
鏗鏘

我一定……
要回去！
你要用你的一輩子證明給我看嗎？
狼狽
向我證明你是一個自由人。
回到巴比倫……
血流
不止
重返自由……！

心無旁騖地前進吧！
跟隨自由人的靈魂。
喔
喔
喔
喔
喔
喔
喔
喔

月亮高掛在
巴比倫的方向，
做給妳看！
我一定會
做給妳看！
閃爍著耀眼光芒。

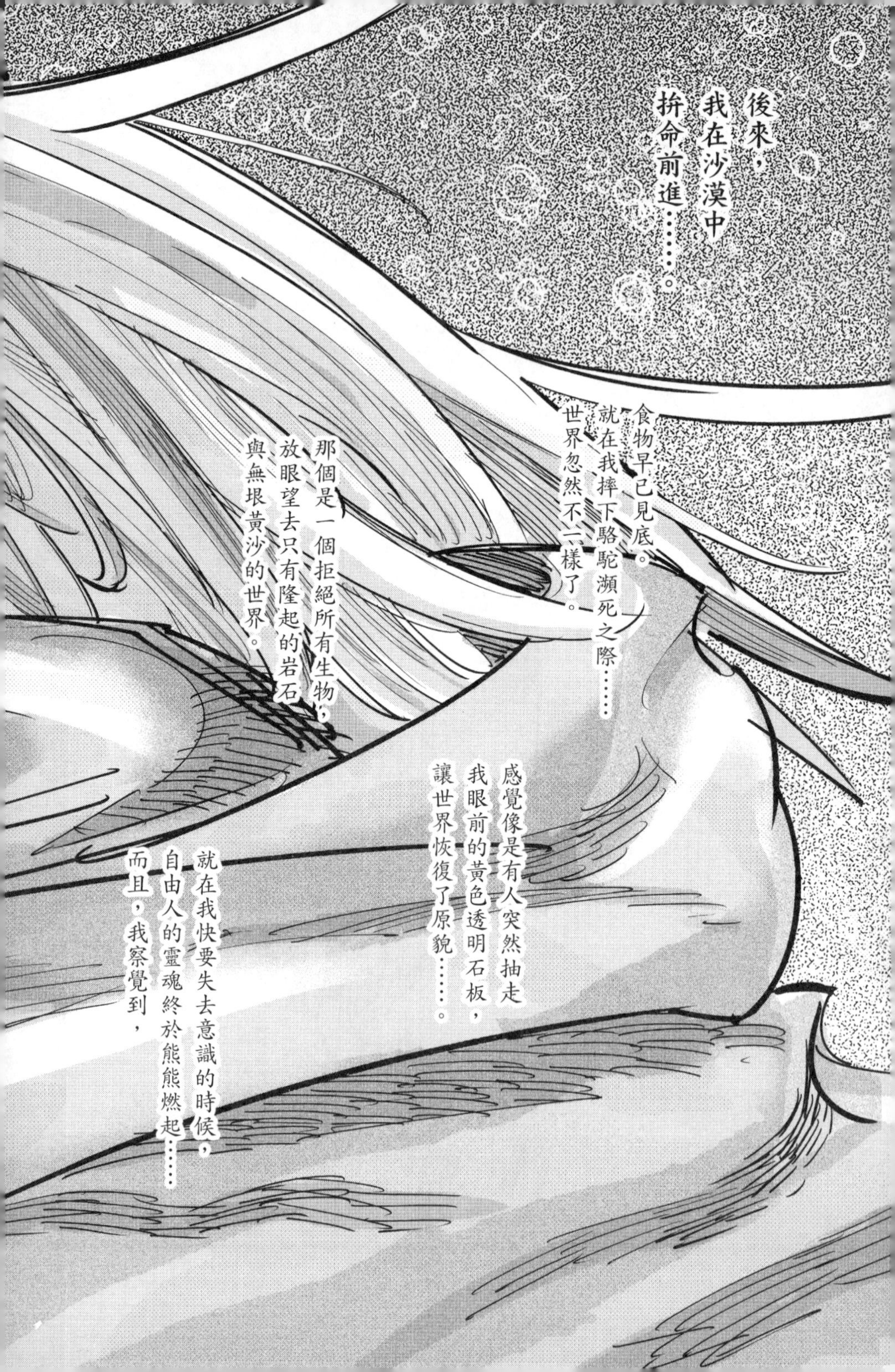
後來，
我在沙漠中
拚命前進……。
食物早已見底。
就在我摔下駱駝瀕死之際……
世界忽然不一樣了。
那個是一個拒絕所有生物，
放眼望去只有隆起的岩石
與無垠黃沙的世界。
感覺像是有人突然抽走
我眼前的黃色透明石板，
讓世界恢復了原貌……。
就在我快要失去意識的時候，
自由人的靈魂終於熊熊燃起……
而且，我察覺到，

我必須還給
昔日親友的東西
不只有「錢」，
還有「恩」。

債務是敵人，
可是借錢給我的人卻是朋友，
他們對我有恩。
只剩半條命的我終於抵達巴比倫，像奴隸一樣拚命工作……。
對於那些相信我、把錢借給我的人，
我花了三年的時間還清債務。
你……難道不是託誰的福活到現在的嗎？
朋友、父母、師長。
……怎麼樣？
你說你不想工作……那也沒關係。
不過，你只靠喝水就活到今天嗎？
你有向養育那副身體的父母，
還有傳授你智慧的師長
指

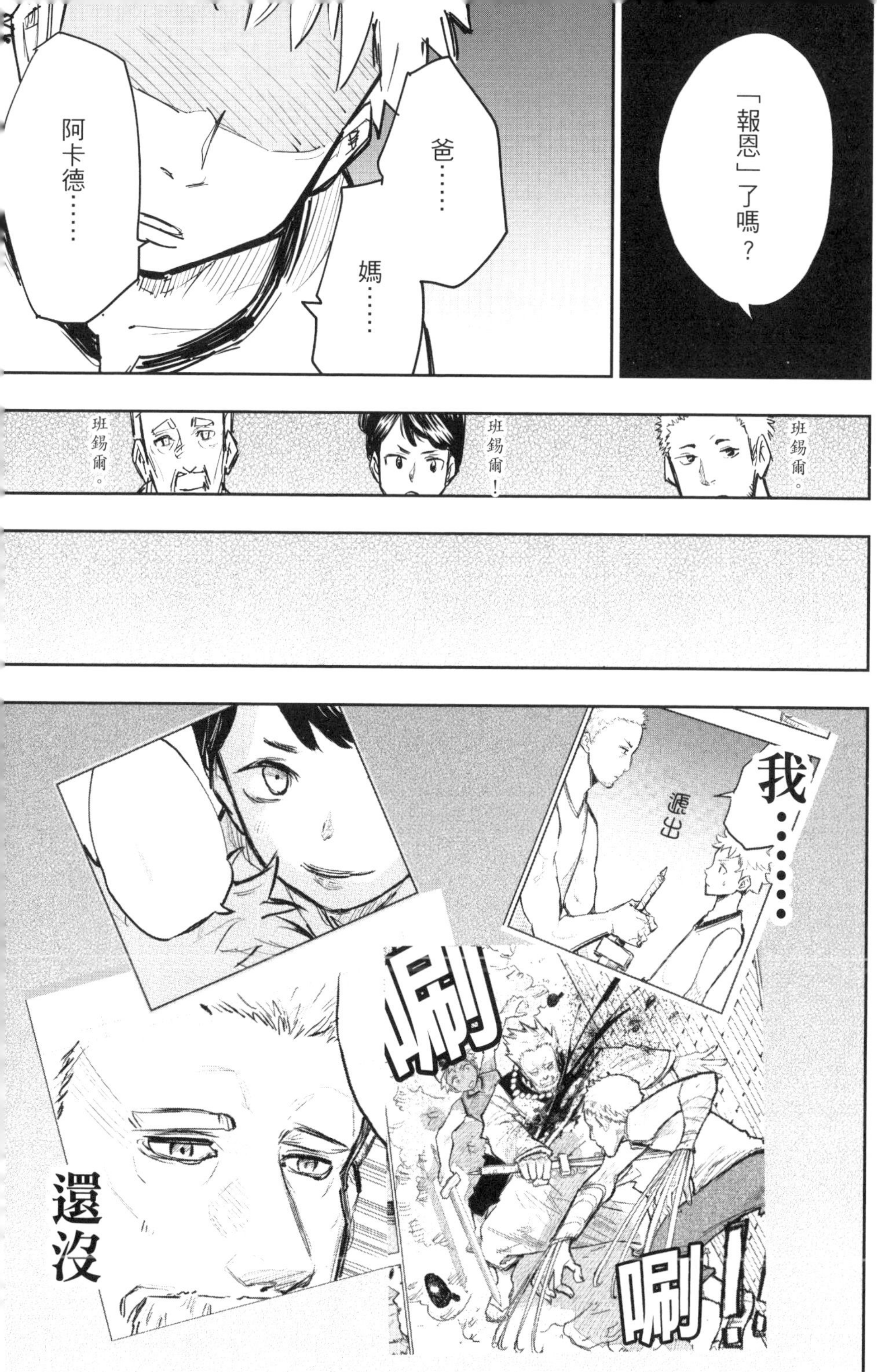
「報恩」了嗎？
爸……
媽……
阿卡德……
班錫爾。
班錫爾！
班錫爾。
我……
遞出
唰
唰！
還沒

我還沒……
報答他們的恩情……！
那就去工作。
……好厲害，上了一課……。
七嘴八舌
吵雜
我也是……。

在我們說話的時候，好好一杯冰水都變溫了！
不過，給你冰水也是浪費。
～～～……！
老闆！幫我的朋友烤一隻熱騰騰的雞腿吧！

5 沒有零風險的投資，不妨投資世上最優秀的頭腦

既非富翁也不怎麼有錢的普通老百姓要對世界經濟成長進行投資——能夠實現這個願望的方法，便是名為外國指數型基金的投資信託。

這種金融商品會根據如「ＭＳＣＩ世界指數」這類的世界經濟指標（類似世界版的日經平均）機械性地購買股票＊。

說得更直白一點，這是一種把在前面的例子提到過的蘋果、微軟和Alphabet（Google的母公司）等大約一千七百家世界優良企業的股票全部放在一起，像組合包一樣的商品。（圖3）

而且這種商品只要透過網路證券公司開戶，最低只要用幾萬日圓就能購得，還不需要向銀行或證券公司支付高額的手續費。（利用外幣存款購買一塊美金，大約會產生1％的手續費，而指數型基金的年

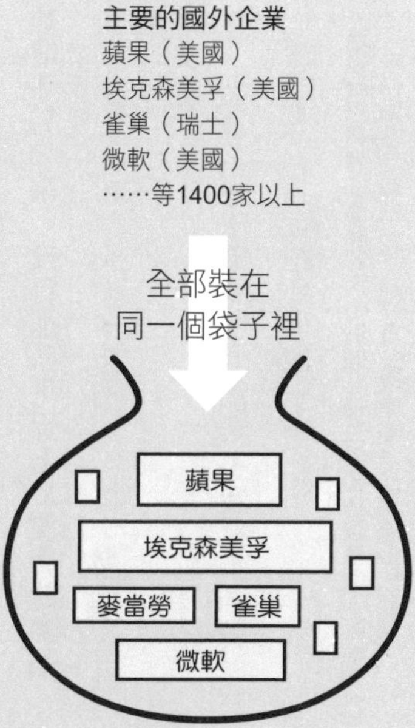
主要的國外企業
蘋果（美國）
埃克森美孚（美國）
雀巢（瑞士）
微軟（美國）
……等1400家以上
全部裝在同一個袋子裡
蘋果
埃克森美孚
麥當勞
雀巢
微軟

（圖3）外國指數型基金示意圖

……
〈黃金法則〉第三條：
認真聆聽理財專家的建言——
這樣的人，黃金不會離他而去。

手續費約為0.1%左右）

事實上，從本書在日本出版的二〇一九年九月開始算起，如果在十年前就購買了外國指數型基金的話，資產就能變成兩倍以上。

讀到這裡，你或許會想反駁：「也有可能反而會減少啊！」

資產的確可能會減少。

然而，**目前並沒有不用承擔風險就可以增加財富的方法**。日本三大金融集團*的定存利息大約是0.01%。金融機構不存在保證本金且提供好幾年1%利息的商品。

在學校沒機會學到理財知識的我們通常都不太願意承擔風險，但如果一味堅持「零風險」的話，便會失去努力投資的機會。

除此之外，推薦指數型基金最主要的原因是它不花時間。

由於指數型基金會根據指標（自動）購買股票，所以不像金融機構的交易員還需要蒐集個人資料。買完之後，只要放在一邊，專心做自己的工作，你的錢就會自動幫你賺錢；而且，它過去的表現甚至比讓專家配股（主動型基金）還要更好。

本書在強調「找到用錢滾錢的方法」的同時，也強調「工作」的重要性，而指數型基金正是能夠一石二鳥的最佳選擇。

在班錫爾以及阿卡德生活的那個年代，當然不存在電話、網路和股票市場，他們應該不容易相信其他的人，也很難回收投資出去的金錢。

然而，起源自巴比倫尼亞時代的金融體系卻隨著文明的進步高度發展。

人們成立股票市場，錢從金幣和銀幣變成電子數據，**只要有一支智慧型手機，就能輕輕鬆鬆把錢送到地球另一端，投資那些世界上最優秀的頭腦**。

不過，希望大家不要囫圇吞棗，而是在自己認真做過功課，並請教過身邊擅長投資的親友之後再進行投資。

因為黃金法則的第四條教導我們：「對自己不懂，或是善於守財的專家不認同的買賣進行投資——這樣的人，黃金將會從他手中溜走。」

＊若要舉出具體的商品名稱，例如「日生外國指數基金」等等，可透過網路證券公司購買。（日本）
＊三菱日聯金融集團、三井住友金融集團以及瑞穗金融集團。

古代的還債紀錄，拯救了現代人

第七章 傳承

啾啾
啾啾
從這裡開始，
刻寫在這塊泥板上的，
不是浪漫的愛情故事，亦非熱血的冒險物語，
而是平鋪直敘的還債紀錄。
鏗
然而，對我來說，
鏗
鏗鏗
這是我決意取回自由人靈魂的證明。
……

法魯（裁縫師）兩枚銀幣、六枚銅幣。
辛賈（長椅工匠）一枚銀幣。
贊卡兒（友人）一枚銀幣、三枚銅幣。
艾斯卡密爾（友人）一枚銀幣、三枚銅幣。
哈琳西爾（寶石工匠）六枚銀幣、兩枚銅幣。
亞瑪弗（友人）三枚銀幣、一枚銅幣。
達巴席爾（錢莊）十枚銀幣、八枚銅幣。
狄爾貝克（父親友人）四枚銀幣。
阿卡哈特（房東）十四枚銀幣。
比雷吉克（農夫）八枚銅幣。
柯比（友人）一枚銀幣、七枚銅幣。
總共是……四十三枚銀幣和三十八枚銅幣……
這是巴比倫商人平均四年份的收入……
回過神來才發現，原來我借了這麼多錢。

我先是挨家挨戶拜訪了每一位債主。
為了還錢，首先……
我必須先去工作……。
喂……你不會是為了說這些廢話才悠哉地跑過來吧？
而且連一個銅幣都沒帶……。
壓迫
你、你聽我說嘛！
要是想一直工作下去，就必須同時顧及到生計……。
如果把所有收入都拿來還債，很快又會因為日子過不下去而還不出錢……。
所以，我想先決定要用多少比例的收入還債。
把收入的十分之一存起來，十分之七作為生活費……剩下的十分之二我會一直用來還錢，我保證……！
1/10
儲蓄
7/10
生活費
2/10
還債
這樣總有一天一定能還清……。

夢話到夢裡再說！你給我把十分之九的薪水都拿來還債！
跳起
……
再不快點還錢，我就讓你瞧瞧會有什麼下場……！
……
……我知道了。
我相信你說的話。
當時我沒有選擇裝著智慧的袋子。
你就讓我看看只要有智慧，不論多少債務都能還清！

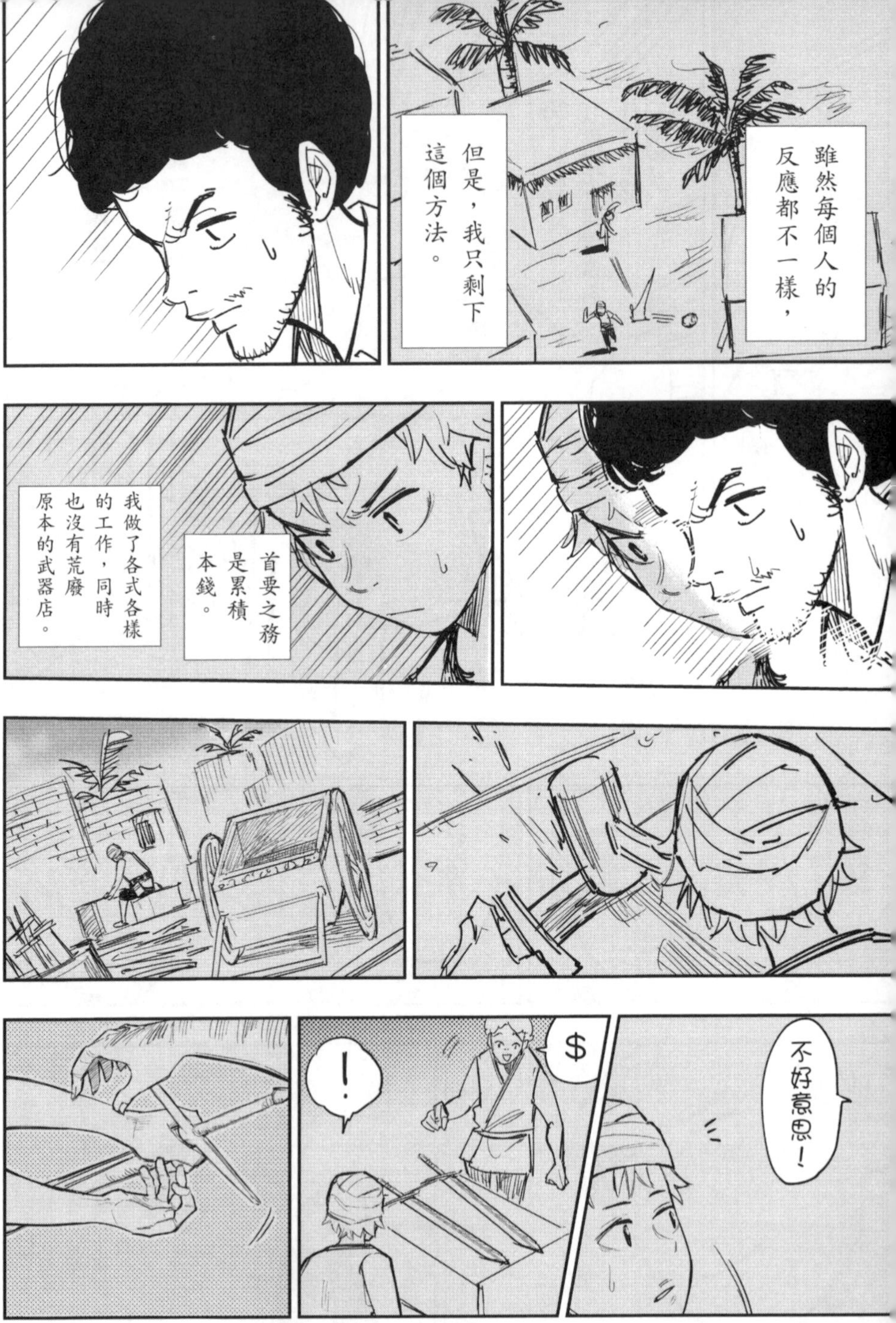
雖然每個人的反應都不一樣，
但是，我只剩下這個方法。
首要之務是累積本錢。
我做了各式各樣的工作，同時也沒有荒廢原本的武器店。
不好意思！
$
!

把十分之一的收入
作為儲蓄，
十分之七用來生活，
剩下的十分之二
則盡可能公平地還給每一位債主。
雖然很少……但這些是這個月的份。
你每個月都有認真還錢，真了不起。
雖然可能不多，不過我之後一定還會繼續還的。
嗯，麻煩你了。
這點錢連塞牙縫都不夠！混帳東西！
你是在瞧不起我嗎！

拿這些零頭來是什麼意思？
這樣不如直接不還還比較乾脆！
……
……
那就這麼辦吧……。
蛤？
如果為了多少還一點，辛苦賺來的錢還要被這樣挑毛病，
不如照你說的，等存夠錢了再一次還清，把剛才給你的錢還我吧！
你說什麼！
嘖！竟然還有理了！
……
我再等你兩天！
！……
我後來才發現，達巴席爾雖然總是找碴，但他依然會等我還錢。

這樣……就都還清了，達巴席爾……！
雖然之前說了那些話……
……
不過，真的很謝謝你。
謝謝你願意相信我，把錢借給我……！
……
……

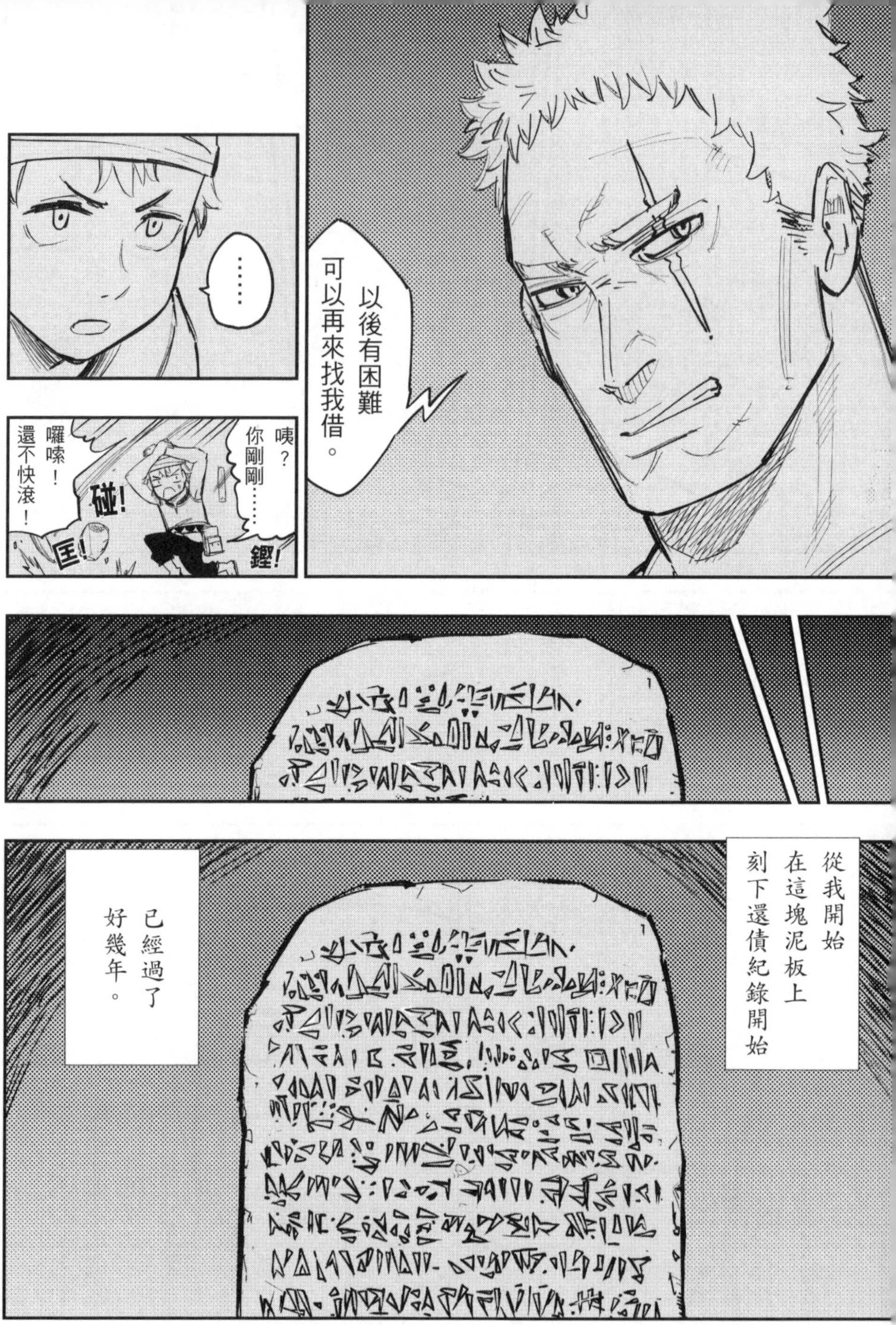
以後有困難
可以再來找我借。
……
咦？你剛剛……
囉嗦！還不快滾！
碰！
鏗！
匡！
從我開始在這塊泥板上刻下還債紀錄開始
已經過了好幾年。

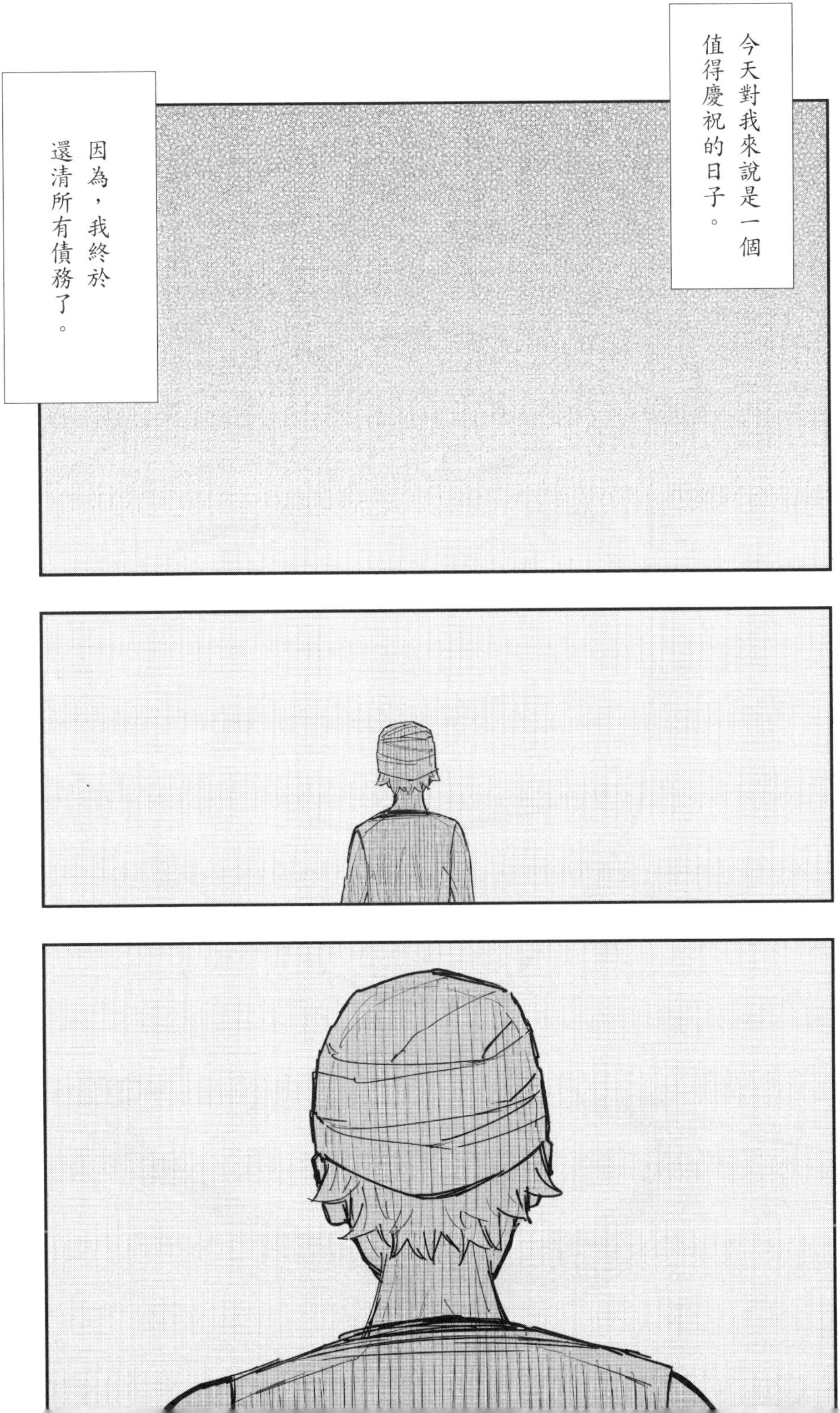
今天對我來說是一個值得慶祝的日子。
因為，我終於還清所有債務了。

清償債款後，我為了某個目標重新出發。
沒錯，那就是我答應過阿卡德的……「巴比倫尼亞的繁榮」。
讓巴比倫尼亞蓬勃發展，
也就是
「回報阿卡德與父母的恩情」。
利用黃金法則累積財富的我……
一步步朝著富翁這個目標前進，並開始受邀到王宮授課，
就像從前的阿卡德一樣……。
不久之後，
我也向國王的事業提供意見或融資。
結果……巴比倫尼亞日漸富庶，
我想，這就是我報恩的方式。

可燃垃圾
可燃垃圾
可燃垃圾
……
「在月圓之日得到的錢……銀幣—謝克爾」……這是「月薪」的意思。
奮筆疾書
「有些人對我生氣」……是說「他們斥責我」，但「我還是平均把錢還給他們」……。
嘟嚕嚕嚕
來電
近藤武
!

你解讀得怎麼樣了……
吵死了！現在不要跟我說話！
掛斷
……
嗡——
……哈哈……
這才是以前的阿拓嘛……！

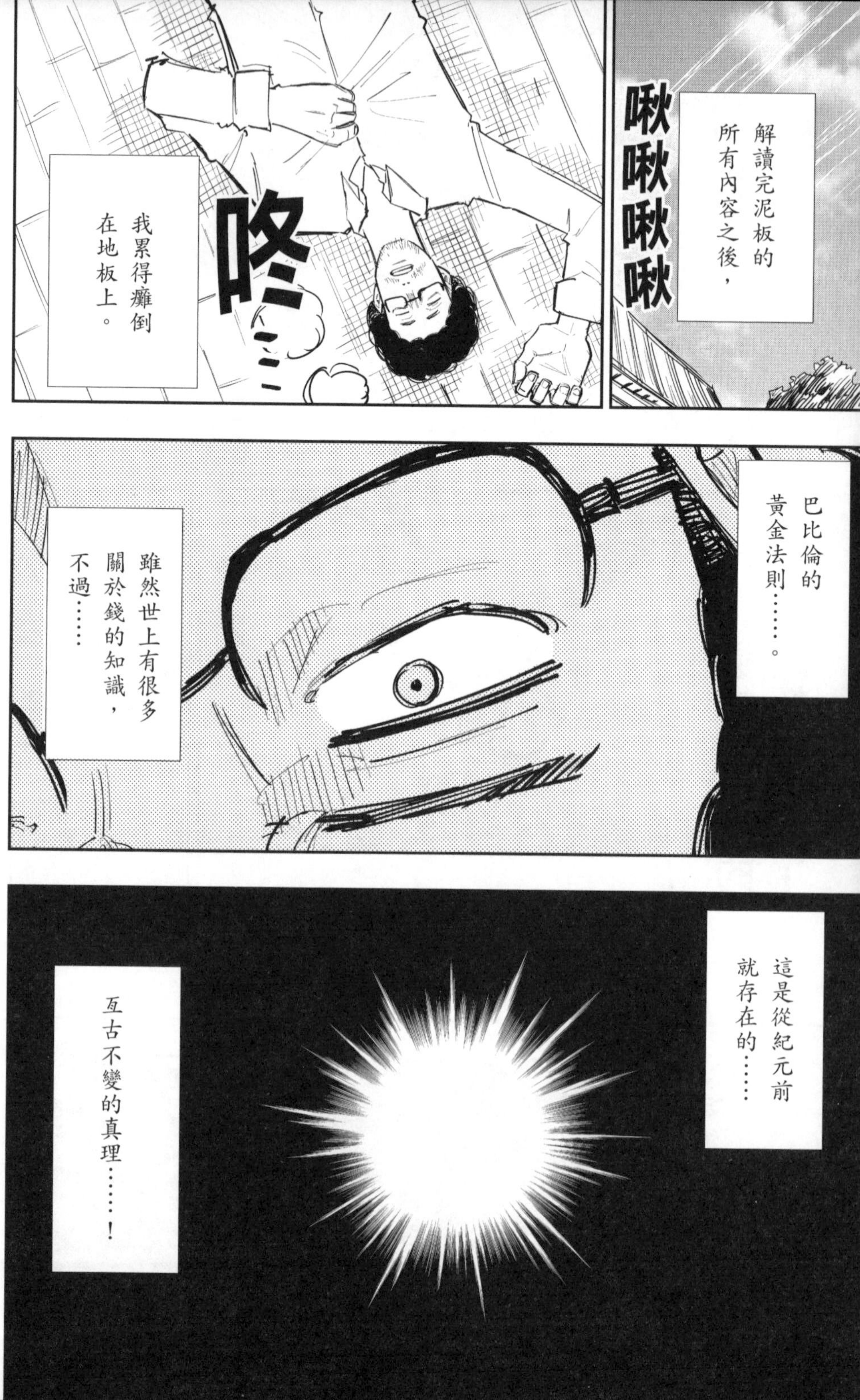
解讀完泥板的所有內容之後，
啾啾啾啾
咚
我累得癱倒在地板上。
巴比倫的黃金法則……。
雖然世上有很多關於錢的知識，不過……
這是從紀元前就存在的……
亙古不變的真理……！

如果想要成為有錢人，就要請教他們的作法並親自實踐。

吸引黃金的七句箴言

1 存下收入的十分之一。
2 為欲望排定優先順序。
3 讓存款為你工作。
4 堅守財富，避開危險和天敵。
5 選擇良好的住所。
6 從現在開始替未來的生活做好準備。
7 讓自己成為最大的資本。

成為擁有必須守護的事物的堅固城牆。

債務會削弱人的心志——向債主報恩可以讓人重拾尊嚴。

五個黃金法則

一、為家人和自己的將來存下十分之一以上的收入——這樣的人，黃金將會源源不絕地增加，並且非常樂意進到他的口袋。

二、為黃金尋覓能夠錢滾錢的投資去處，像讓羊群規模日漸茁壯的牧羊人一樣聰明睿智——這樣的人，黃金將會辛勤地為他工作。

三、認真聆聽理財專家的建言——這樣的人，黃金不會離他而去。

四、對自己不熟悉或連投資專家都不看好的項目進行買賣——這樣的人，黃金將會從他手中溜走。

五、企圖謀取不切實際的利益、或聽信有心人士的花言巧語、抑或盲目相信自己不成熟的經驗——這樣的人，黃金將會逃離他的身邊。

班錫爾大人，您意下如何？
採礦場的生意就交給我處理吧。
是。交給班錫爾大人準沒錯！
可以打擾一下嗎？
公主！
……公主有何吩咐？
你聽說了吧？
有人來向我提親了。
！

對方是鄰國的大富豪。
但是我果斷拒絕了他，害父王為此傷透腦筋。
這、這是為什麼？
因為我不喜歡那個人嘛！
妳真可愛！嘿嘿嘿！
哇啊啊啊啊啊啊啊
我的僕人找遍了全國，
可是都沒有找到其他人選。
最後，父王跟我說：
「如果是『阿卡德的弟子』班錫爾，妳就可以嫁。」
!?

怎麼樣？對你來說也不是一件壞事吧？
……
……
咦？你不願意嗎？
什麼嘛！你以為自己有多了不起！
啊……不是，我不是不願意！
……只是……
這件事……請恕我無法從命。
我生在武器工匠家……
配不上公主尊貴的身分……會給您添麻煩的！
蛤？

我就趁這個機會說清楚！
！
你的價值不是取決於你自己，
而是我！
這個國家的公主我！
誰准你擅自貶低自己價值的！
你不可能有拒絕的權力好嗎！
……實在是……
拿這個人沒轍啊。
我會用一輩子
守護您。

第八章

王子的商隊

人為什麼要工作？答案
並不是為了錢

數年後
那邊的奴隸，
把行李搬過來。
巴比倫尼亞王子
哈丹·古拉
遵命。
不穩

搖搖晃晃…
提起
姊姊，我和班錫爾大哥一起去參加商隊了。
哈丹，
你是不是太勉強他了？
我是有錢人。
而工作是窮人的事。
要我們工作什麼的，
一點意義也沒有。

班錫爾
大家還有體力嗎？
沒問題！
我們還能繼續走！
趁著還有力氣，今天就在這裡紮營吧

姊姊私底下有誇過你。
嗯？
哇哈哈哈哈
她誇獎班錫爾大哥，
說你以前曾經負債累累。
……對啊。
她說：「他當時的眼神就跟死魚一樣，明明是平民，卻敢對身為公主的我大小聲，超討厭的！」
根本不是誇獎嘛！
不，她後來有誇你，
說沒想到你會一路成長到有天成為自己的丈夫。
哈哈哈……
班錫爾大哥，我換個話題……。
有件事我一直想請教你。
什麼事？

我有必要工作嗎？
我家是王室，家境富裕，就算不工作也活得下去。
雖然奉父王和母后之命參加商隊，但我卻不覺得有什麼意義。
只要有錢，就沒有必要工作了吧？
……討厭的傢伙！
因為世上很多人都是因為「不想工作」才想變成有錢人的，不是嗎？

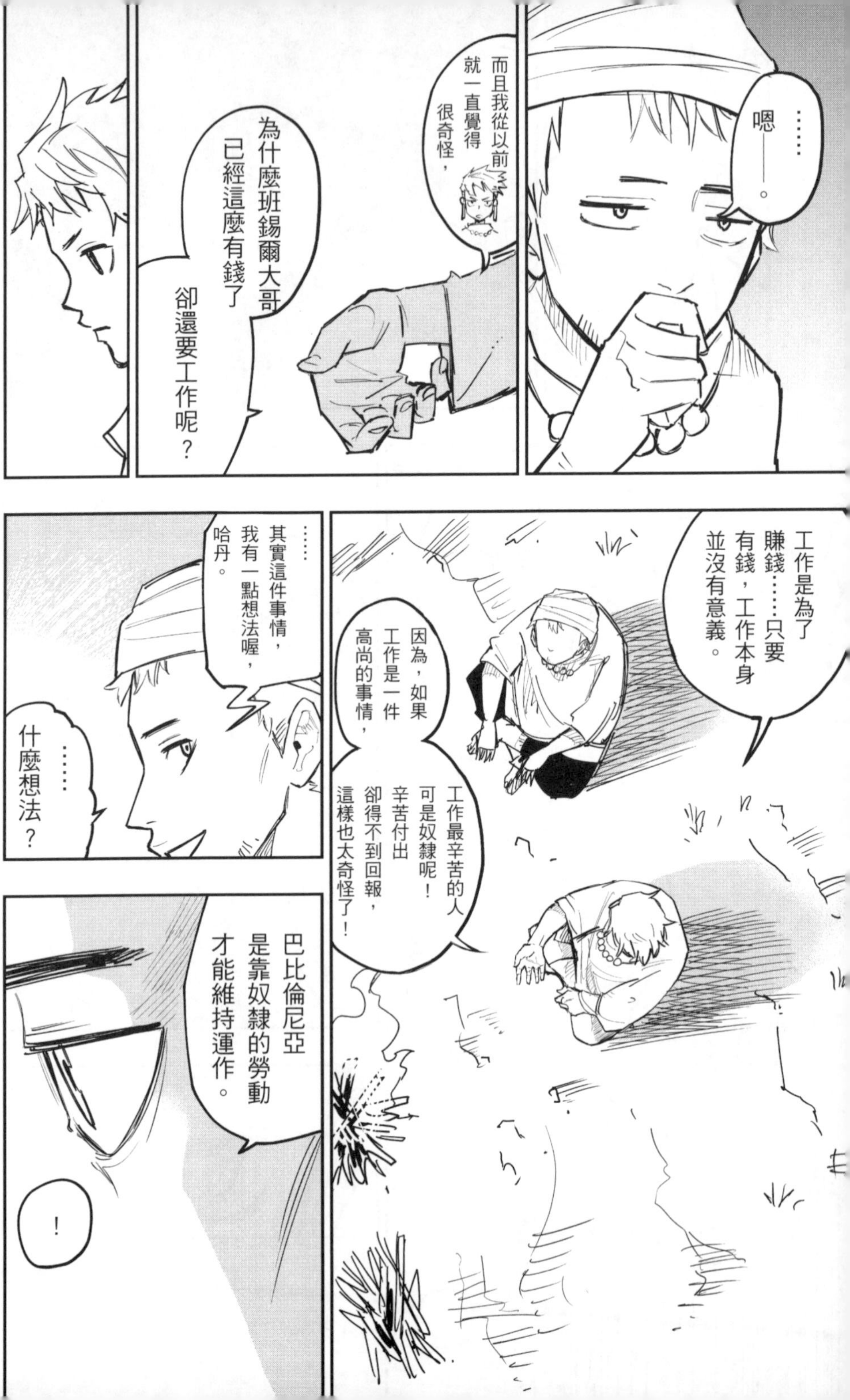
……嗯——。
而且我從以前就一直覺得很奇怪，
為什麼班錫爾大哥已經這麼有錢了卻還要工作呢？
工作是為了賺錢……只要有錢，工作本身並沒有意義。
因為，如果工作是一件高尚的事情，
工作最辛苦的人可是奴隸呢！辛苦付出卻得不到回報，這樣也太奇怪了！
……其實這件事情，我有一點想法喔，哈丹。
……什麼想法？
巴比倫尼亞是靠奴隸的勞動才能維持運作。
！

無論是城牆、
房舍或王宮，
沒有
他們的幫忙
都蓋不起來。
透過
「工作」，
建築物和水道逐一
完工；此外，還出
現了管理這些事物
的「新工作」。
「工作」帶動經濟，
建立「生活」。
和這些事情
比起來，
「錢」只是
順便的。
……
錢是……
順便的？
對。

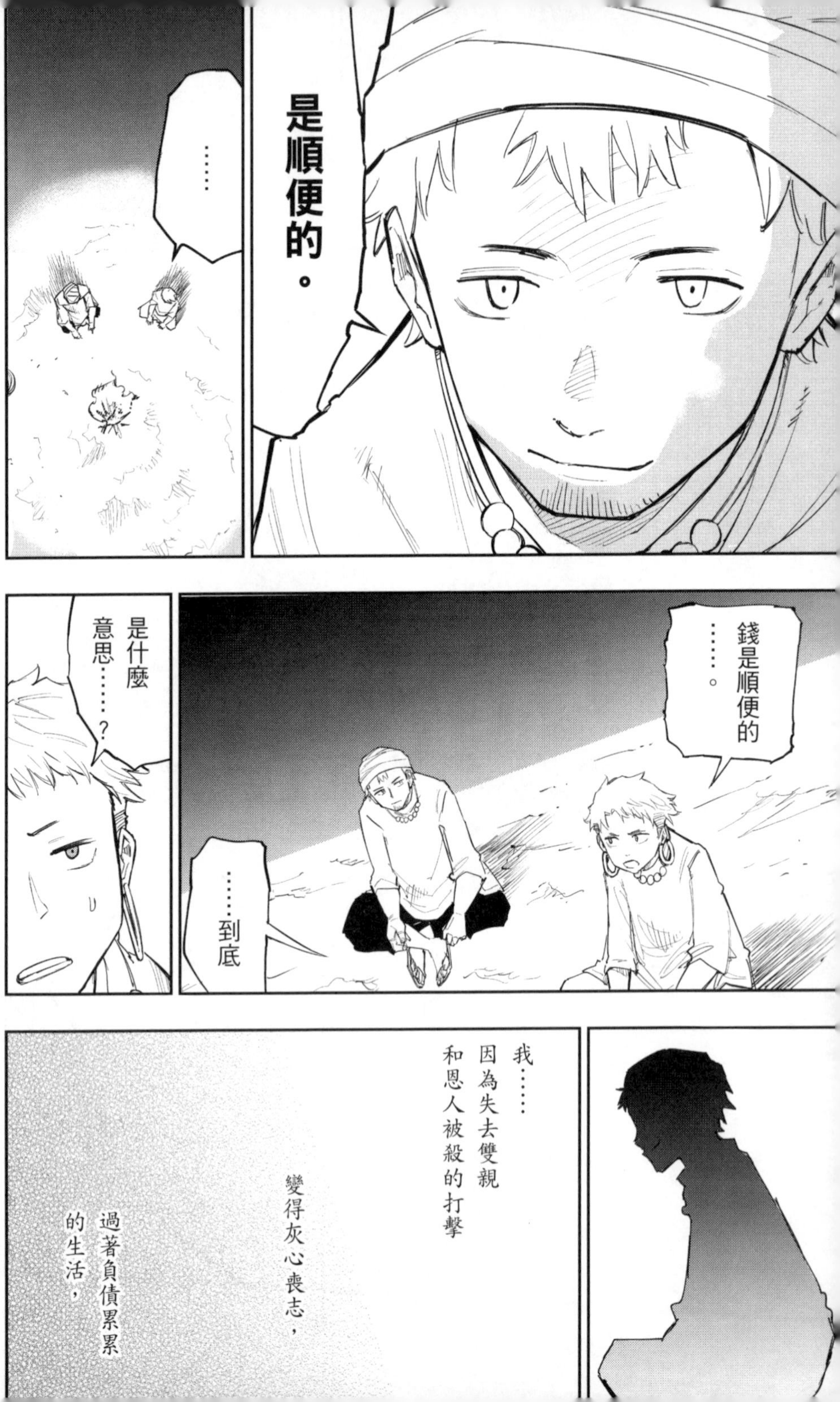
是順便的。
……
錢是順便的……。
是什麼意思……？
……到底
我……
因為失去雙親
和恩人被殺的打擊
變得灰心喪志，
過著負債累累的生活，

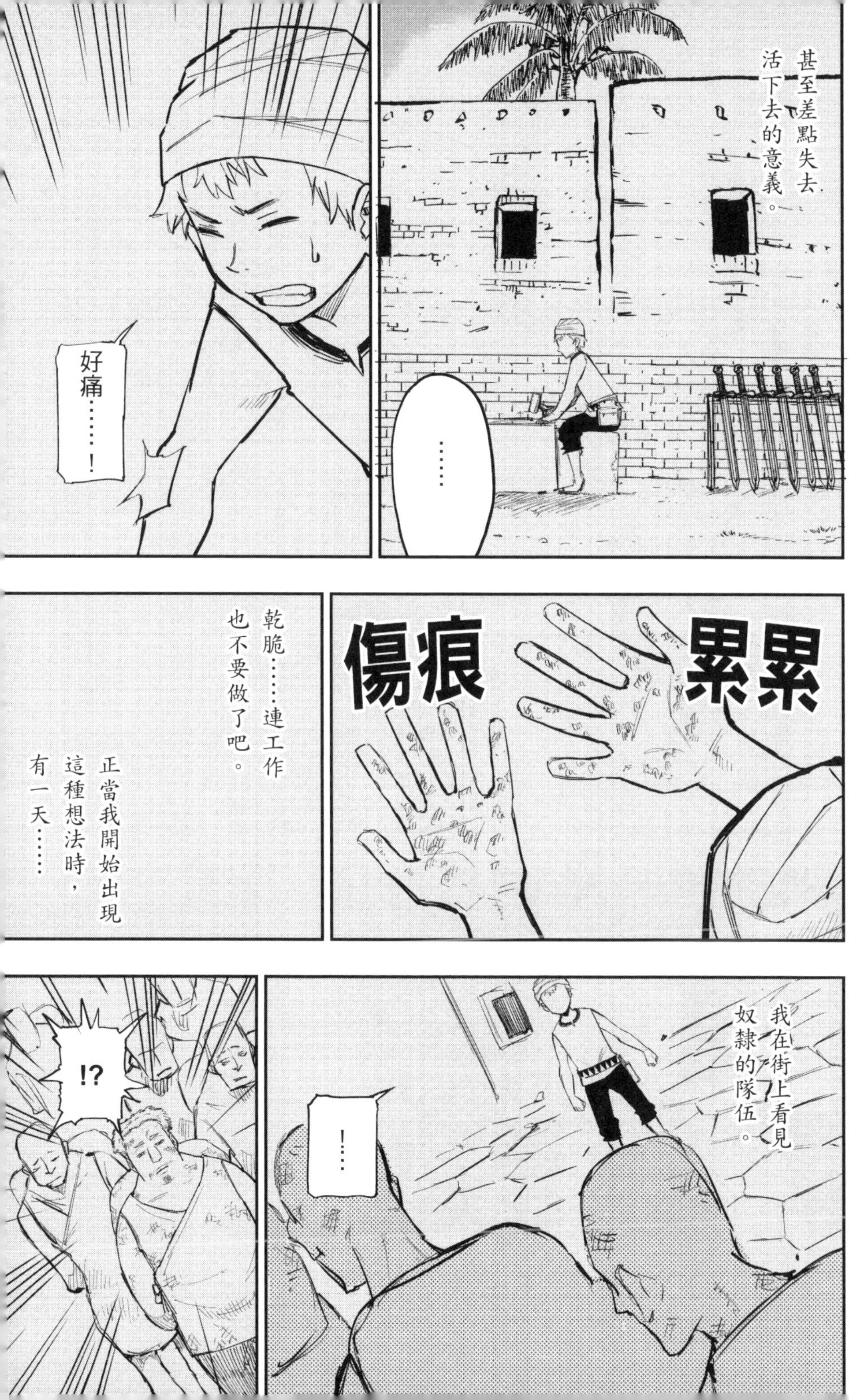

甚至差點失去
活下去的意義。
……
好痛……!
累累
傷痕
乾脆……連工作
也不要做了吧。
正當我開始出現
這種想法時，
有一天……
我在街上看見
奴隸的隊伍。
!…
!?

喂！你在這種地方做什麼？
達伯特！
……
你是班錫爾嗎？
做什麼……就像你看到的一樣，做奴隸啊。
那是以前曾經和我一起經商的人。
他認為，盡可能以最少的勞力獲取報酬才叫賺錢。
什麼叫就像你看到的……
令尊不是很有錢嗎？
他曾經很有錢，

直到他開始賭博為止……。
那邊的！走快點！
嗚！
啪啪
……
腳步蹣跚
「你還是像以前一樣認真工作比較好。」
達伯特說完，便走向新塔的工地。
結果，就算放棄現在的工作，
還是有更辛苦的工作在等著你。

那樣
不是完蛋了嗎？
我想問的是：「有錢的話，不工作也沒關係吧」……。
我還沒說完。
……
為了還清債務，回到原本的生活，
我在許多商人的店裡做事。
當時我遇到一位雇主，他是一個麵包師傅。
你真可憐哪！
就算從早到晚辛苦工作，
也絕對得不到回報。
我不這麼認為。
只要認真工作，就可以成為像巴比倫城牆那般……堅強的人。
堅強的人？

成為堅強的人是為了誰？
沒用的！
結果還是像我這樣……
把工作交給僕人，自己只顧著享樂才是最爽的！
……
反正不管你怎麼努力，也只是在填飽我的荷包……
你沒辦法找到更好的工作，對吧？
說完，那位雇主就把店丟給我，得意洋洋地和朋友出門喝酒去了。
我和那個人不同，必須努力工作才能成為大富翁。
但是，我的腦中忽然浮現一個陰沉的想法——
我是不是命中注定一輩子都這麼窮？
幸福和財富是不是只會降臨在那些受上天眷顧的人身上？

即使如此，
我也不能不工作。
但就算繼續現在的工作，我也無法實現夢想。
如果是你會怎麼做？
我會放棄吧。只能詛咒自己生來不幸，含恨而終。
這傢伙……！
對，我一開始也是這麼想，餓著肚子在街上徘徊。
可是，有一個超可怕的討債人在監視著我！
？……

……我遇到貴人。
連放棄這個選項都沒了以後，你知道我接下來採取什麼行動嗎？
「將錯就錯」！
……蛤？
既然悲嘆現況也不會有任何進展，那麼首先，
比起成為有錢人，
我覺得更應該在當下好好努力工作！
於是，我開始認真投入自己最擅長的武器工匠的工作。
每一把劍、每一部戰車、每一項雜務，
我都仔細地、認真地
全力以赴。

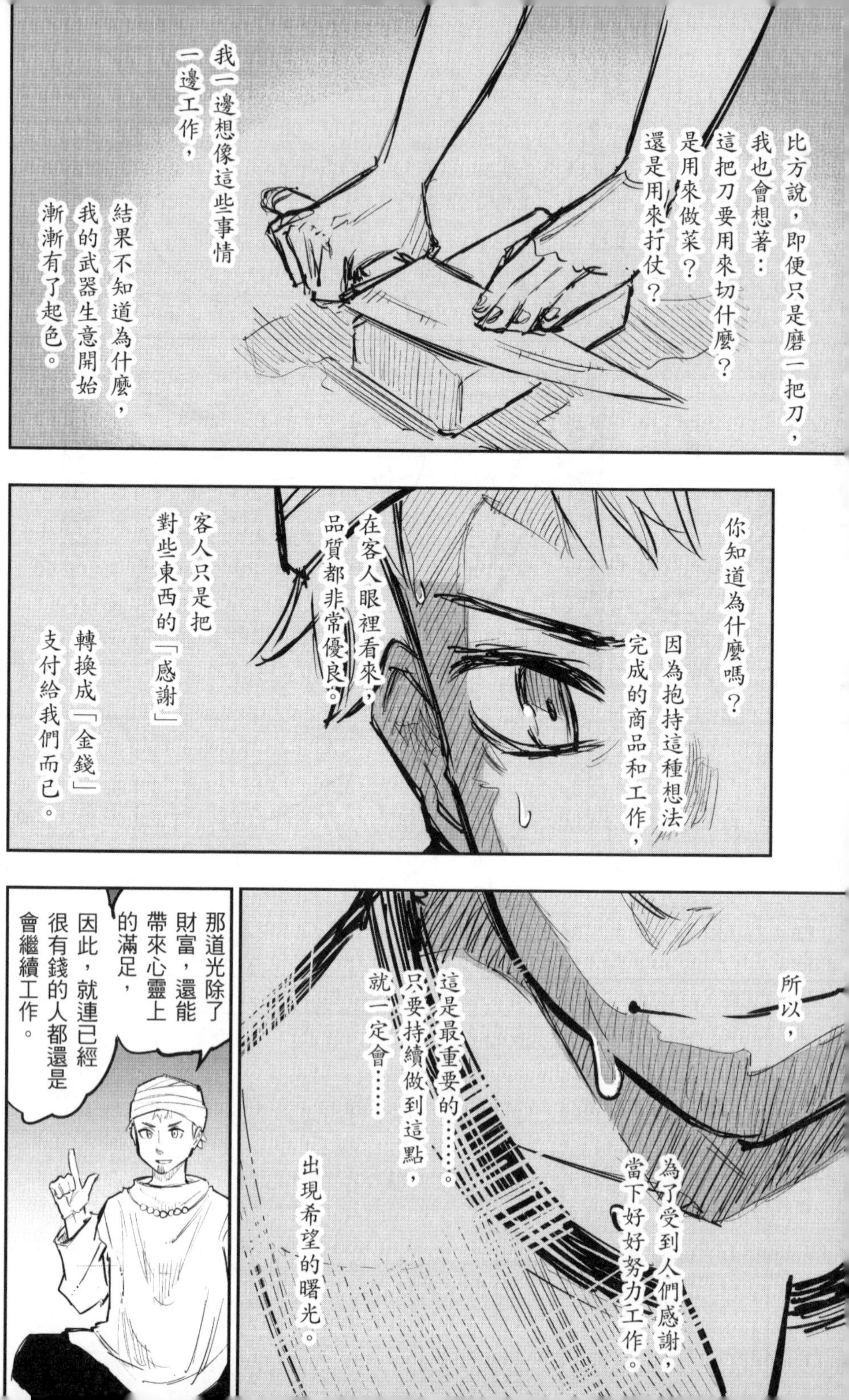
比方說，即便只是磨一把刀，
我也會想著：
這把刀要用來切什麼？
是用來做菜？
還是用來打仗？
我一邊想像這些事情
一邊工作，
結果不知道為什麼，
我的武器生意開始
漸漸有了起色。
你知道為什麼嗎？
因為抱持這種想法
完成的商品和工作，
在客人眼裡看來，
品質都非常優良。
客人只是把
對些東西的「感謝」
轉換成「金錢」
支付給我們而已。
所以，
為了受到人們感謝，
當下好好努力工作。
這是最重要的……。
只要持續做到這點，
就一定會……
出現希望的曙光。
那道光除了
財富，還能
帶來心靈上
的滿足，
因此，就連已經
很有錢的人都還是
會繼續工作。

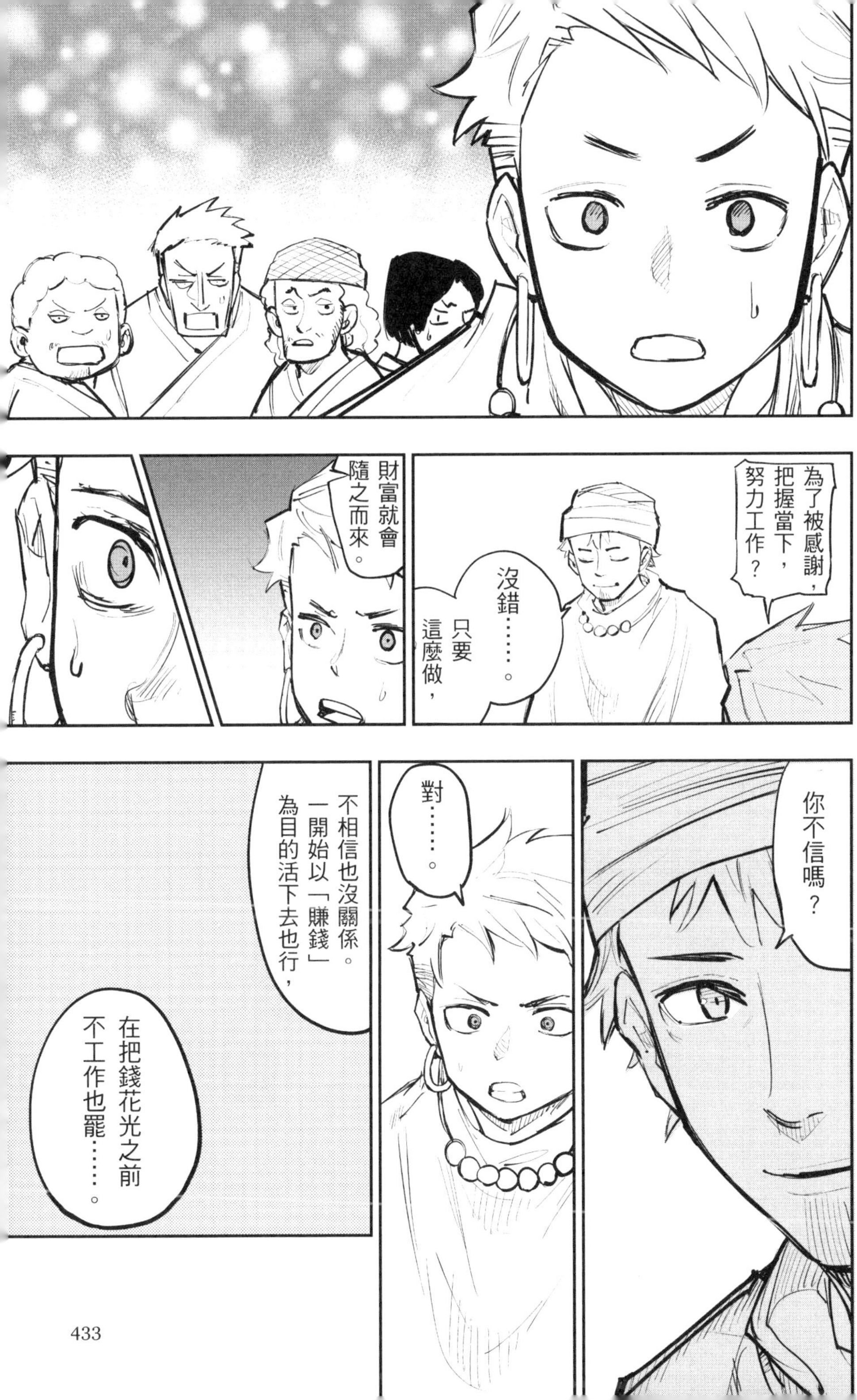
為了被感謝，把握當下，努力工作？
沒錯……。
只要這麼做，
財富就會隨之而來。
你不信嗎？
對……。
不相信也沒關係。一開始以「賺錢」為目的活下去也行，
在把錢花光之前不工作也罷……。

可是，千萬別忘了感謝。
你現在手上的錢……那怕只是一枚銅幣，
也是因為有某個人努力工作才會出現在這個世上。
這些錢不斷循環，
國家因此變得富強。
掌聲響起
哇！你們幹嘛啦！
啪啪啪啪啪啪啪啪
去睡去睡！羞死人了！

意義就在被人感謝的工作之中……。
哼──嗯……原來是這樣啊。
快睡吧，哈丹……天很快就亮了。
……
齁齁ー

錢只是順便的……嗎？

6 有錢就是幸福嗎？

雖然我們隱約都覺得「有錢就是幸福」，但根據各種與幸福有關的調查結果，發現並不是越有錢的人就會越幸福。幸福度在年收入八百萬左右到達顛峰，超過八百萬以後，即使年收入增加，幸福度也不會改變。

大家只要想像一下就能了解——一個人在超高樓住宅的頂樓享受頂級牛肉的高檔部位，一開始或許會覺得很幸福，可是一定馬上就膩了。

根據前述湯瑪斯．史丹利的《百萬富翁的思想》，有92％的億萬富翁已婚，並且在問卷中強調家人的重要性；而當被問到「工作上需要哪些能力」

時，他們回答：「比起大學時代的成績，更重要的是與身邊的人維持良好關係的社交能力。」

此外，美國楊百翰大學的茱莉安・霍爾特・倫斯塔德（Julianne Holt-Lunstad）心理學教授，在二〇一〇年做了一四八項研究，分析超過三十萬人的數據之後，於結論發表：「**和社會保持互動的人，早死率比沒有互動的人低50%。**」提醒我們：孤獨是健康最大的危機。

人類絕大部分的歷史都是在狩獵採集的時代，因為沒有警察也沒有醫院，他們必須仰賴群聚和分享食物來延續生命。在那個時代，落單便意謂「死亡」。

因此我們的大腦被設計成會因為他人付出而感到滿足（好意的回報性），並且在欺騙或背叛他人時產生罪惡感。

窮到活不下去當然是一種不幸，但並**不是越有錢就一定越幸福，一個不與他人交流的人是無法真正感受到幸福的。**

當班錫爾因為負債累累而陷入進退兩難的窘境時，他拚命完成武器工匠的工作，同時把讓其他人開心放在第一優先，並得出「錢只是順便的」這個結論。

如果你正為了錢或工作煩惱迷惘，要不要試著在工作時，先以讓家人、同事或顧客開心為目的呢？接著存下部分收入，用這些錢購買名為指數型基金的現代高科技金融商品，對全世界進行分散投資。因為這種投資並不耗時，所以你還能利用閒暇時間（以不花錢的方式）與親朋好友培養感情。

這種生活方式難道不是繼承了偉大巴比倫尼亞人留下來的智慧，創造「財富」和「幸福」的人生哲學嗎？

終章

最後的黃金法則

為什麼餓餓的時候肚子會叫？
那是因為～肚子裡的蟲蟲在哭呀！
?

嗡嗡……
！
媽媽接一下電話喔。
嗯！
……！
IP通話アプリの音質サポート
拓也
00:00:03
幹嘛突然打來！
我們不是說好你不可以打過來的嗎……？
因為……我有一句話，無論如何都要對妳說……。
!?

我一定會把債還清……
所以……
……怎樣？
妳們願意……回來嗎？

當然不願意啊！
……
媽媽，
妳怎麼了？肚子痛痛嗎？
……
我沒事唷！
今天晚上吃漢堡肉吧！
耶——！

嘟嚕嚕。。。
哦……？有電話。
喂？
我解讀完泥板了，你明天來拿。
喔喔喔喔！真的嗎！動作好快！
……那個，
？
……怎麼了？
如果還有其他還沒解讀的泥板，可以交給我嗎？
我想接這個工作。
雖然被開除了，不過只要拜託一下，
應該還是可以使用大學的研究室……吧。

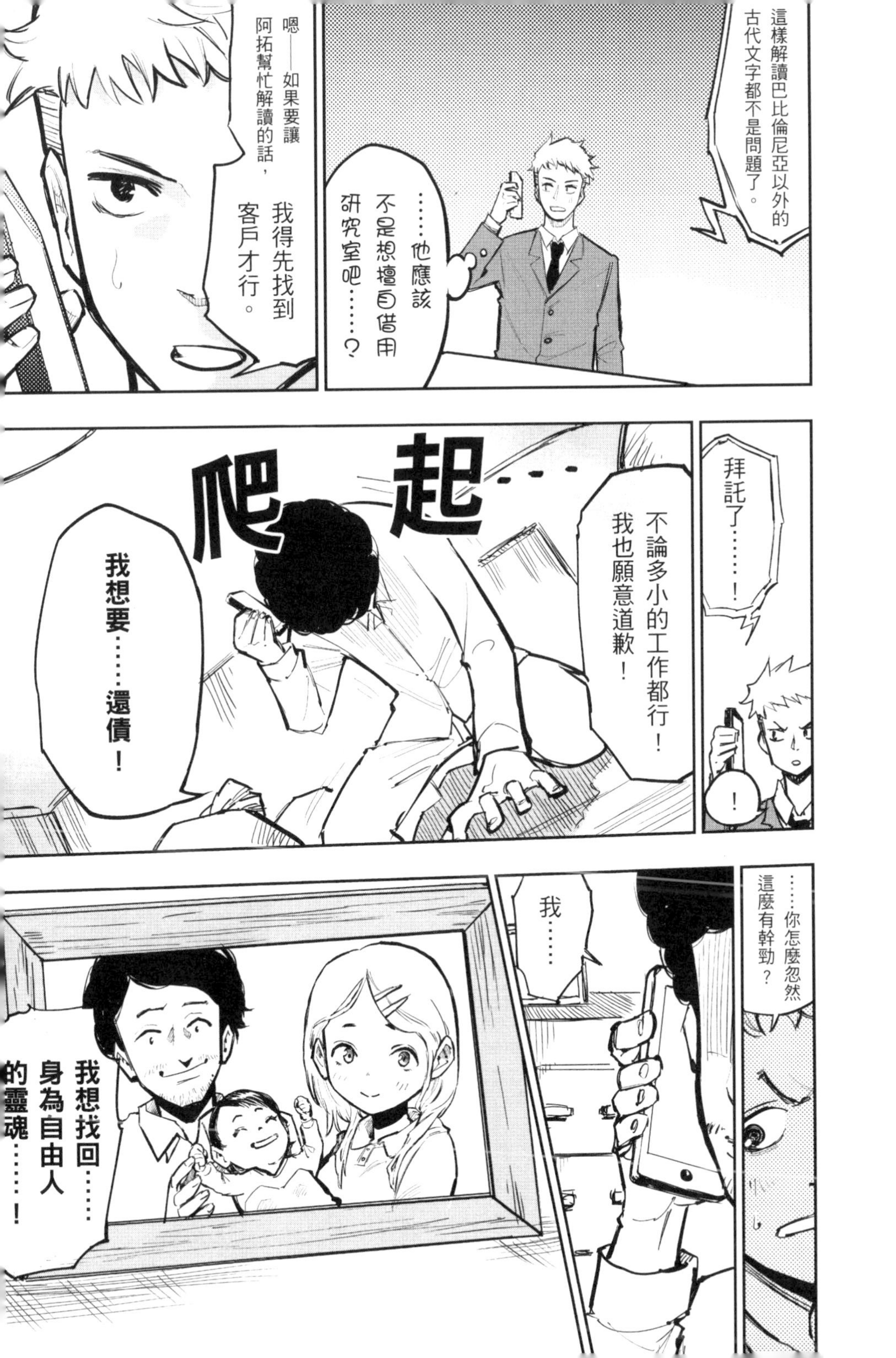
這樣解讀巴比倫尼亞以外的古代文字都不是問題了。
……他應該不是想擅自借用研究室吧……？
嗯——如果要讓阿拓幫忙解讀的話，我得先找到客戶才行。
拜託了……！
！
不論多小的工作都行！我也願意道歉！
爬起…
我想要……還債！
……你怎麼忽然這麼有幹勁？
我……
我想找回……身為自由人的靈魂……！

……好吧，我知道了。
謝謝！……萬事拜託了！
於是，我開始償還債務。
考古學研究

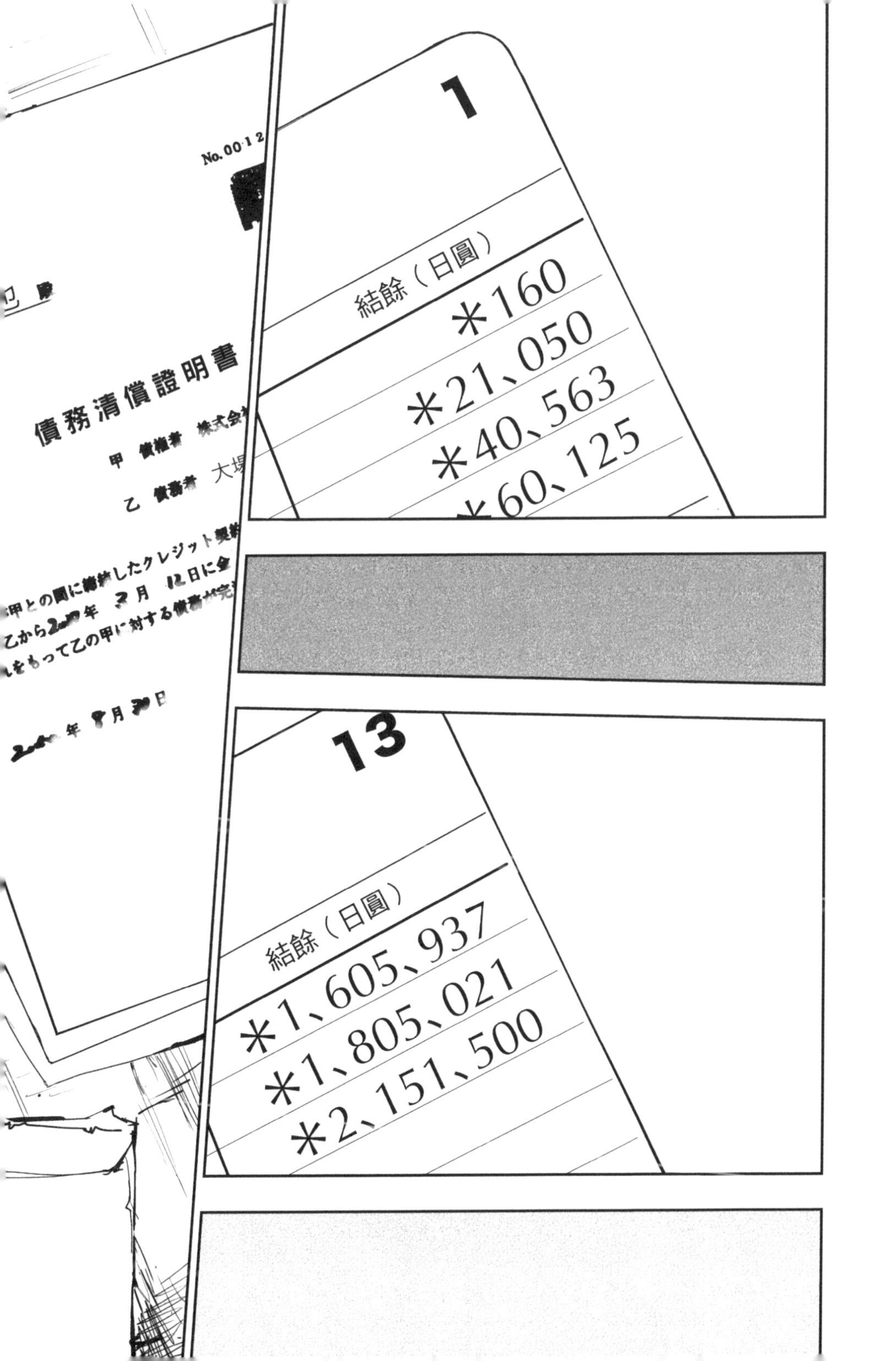

債務清償證明書
1
結餘（日圓）
＊160
＊21、050
＊40、563
＊60、125
13
結餘（日圓）
＊1、605、937
＊1、805、021
＊2、151、500

乾杯——!
沒想到你竟然可以在這麼短的時間內解讀這麼多東西!
多虧有你，我們公司也賺了不少，我都過意不去了!
沒什麼好過意不去的!我也是託你的福，才能再回到大學當老師。
看來我們兩個都一帆風順呢!
!
我的家人不在身邊。
不……

貴代子和愛佳……
我還沒向她們報恩。
我一直……掛念著這件事。
我打電話給她，
告訴她，等我把債還清，希望她們可以回到我身邊。
……
結果被直接拒絕了。
……雖然很受傷，
但我給她們添了麻煩……會這樣這也是活該。
……

你記得嗎，阿拓？
我們還在念大學的時候，
你跟貴代子告白了好幾次都被她拒絕，
每一次都哭得慘兮兮。
……？
後來，貴代子說，她意識到
再也沒有其他人會這樣鍥而不捨地對她表白了。
真懷念啊——
是這樣嗎……？
對啊。

她說她很高興，然後就喜歡上你了。
她的這份感情現在一定只是被埋起來了而已。
既然如此，把它挖掘出來並進行解讀，
不就是阿拓的工作嗎？
現在，我面前有一道牆。
那是將
將採取行動者和沒有作為的人
一分為二的牆壁。

DVD-VIDEO
貴代子！

這個時間……妳果然在……去幼稚園的路上！
你……你怎麼突然跑來？
……我……
我錯了。
……？

我不能沒有妳們！
這樣我無法獲得幸福！
……
……!?
如果是上次在電話裡談的事，我已經拒絕……。
拿出
妳看！
我現在手頭上有四百萬！
也已經找到下一個客戶……應該還能賺到更多錢！

!?
……
你想用錢叫我們回去嗎？
不是！
我試著想過要怎麼花這些錢……。
只要有錢，就可以吃好吃的東西，還能出去旅行。
可是！
我發現……
無論做什麼，妳們不在的話，我一點都不快樂！
捏緊…
如果沒有妳們，錢這種東西根本毫無價值……。

這就是我的
黃金法則！
痛哭
什……什麼？黃金法則？
沒錯！
我真的給妳們添了很多麻煩。
妳為了我，

一早起床替我做便當，
半夜起來悄悄幫我蓋上毛毯，
附近的公園也成了我們特別的約會地點，
就算是吵架當天，妳也會笑著迎接我回家。
這些是我用多少錢都還不起的……
無價之寶，
它們讓我的世界……綻放出金色光芒！
一定不是
用「工作」二字就能輕鬆帶過的。
貴代子……
愛佳……妳們願意

再次和我
成為一家人嗎？
愛佳願意！
三年後——
離過一次婚的夫妻要重修舊好
比世間想得更不容易。
不過，似乎也有一些地方是因為曾經當過夫妻才能夠互相體諒。

最後，我們成功再婚，還孕育出新的生命。
在那之後……我以自由人的身分得到萬貫財富，
但那些一定是多餘的吧。
因為我只是忠實地遵守巴比倫尼亞泥板上的教誨而已。
謝謝你……
班錫爾。

很久很久以前，在幼發拉底河流域有一個叫作巴比倫尼亞的國家。
雖然如今已經化為塵土，
但是這個國家的人們所孕育出的智慧，在經歷物換星移的現在，依然為我們帶來「財富」和「幸福」。

END...

參考・引用文獻

《為什麼他們擁有億萬財富，而你卻沒有？》湯瑪斯・史丹利（台灣柿子文化）

《雖然太難的事情我不懂，但請教我如何賺大錢！》山崎元、大橋弘祐（文響社）

《用10％薪水變有錢人：暢銷千萬冊，全世界有錢人都奉行的致富聖經》喬治・山繆・克拉森（台灣野人）

《世界上最孤獨的日本歐吉桑》岡本純子（角川新書）

《四騎士主宰的未來：解析地表最強四巨頭Amazon、Apple、Facebook、Google的兆演算法，你不可不知道的生存策略與關鍵能力》史考特・蓋洛威（台灣天下雜誌）

※本書對《巴比倫富翁》（The Richest Man In Babylon）一書進行翻譯、改編腳本並繪製成漫畫，書中包含原作沒有的劇情。

※本書包含不存在於巴比倫尼亞的名稱和習俗。

※本書的內容以提供資訊為目的，並未鼓勵讀者投資或購買特定商品。若因為書中內容而受到任何損失，出版社與作者恕不負責，敬請各位讀者謹慎投資。

國家圖書館出版品預行編目資料

巴比倫致富聖經：用 10% 薪水，賺到 100% 的人生【經典新譯．漫畫版】/ 喬治．山繆．克拉森原作；坂野旭漫畫；大橋弘祐企劃腳本；歐兆苓翻譯. -- 臺北市：三采文化股份有限公司，2021.07　面；公分. -- (Trend ； 69)
譯自：漫画バビロン大富豪の教え：「お金」と「幸せ」を生み出す五つの黄金法則

ISBN 978-957-658-540-1（平裝）
1. 理財 2. 投資
563　110005336

suncolor 三采文化集團

Trend 69

巴比倫致富聖經

用 10% 薪水，賺到 100% 的人生【經典新譯．漫畫版】

原作｜喬治．山繆．克拉森（George Samuel Clason）
漫畫｜坂野旭　企劃．腳本｜大橋弘祐　翻譯｜歐兆苓
副總編輯｜王曉雯　主編｜鄭雅芳　選書編輯｜李嫜婷
美術主編｜藍秀婷　封面設計｜李蕙雲　內頁排版｜曾瓊慧　校對｜聞若婷
行銷經理｜張育珊　行銷企劃｜蔡芳瑀　版權經理｜劉契妙

發行人｜張輝明　總編輯｜曾雅青　發行所｜三采文化股份有限公司
地址｜台北市內湖區瑞光路 513 巷 33 號 8 樓
傳訊｜TEL:8797-1234　FAX:8797-1688　網址｜www.suncolor.com.tw
郵政劃撥｜帳號：14319060　戶名：三采文化股份有限公司
初版發行｜2021 年 7 月 9 日　定價｜NT$480
4 刷｜2022 年 2 月 25 日

「漫画 バビロン大富豪の教え」
（原作 ジョージ・S・クレイソン　企画・脚本 大橋弘祐　漫画 坂野旭）
MANGA BABIRONDAIHUGOUNO OSHIE

suncolor

suncolor